家長與老師
共同打造的學校

——日本京田邊華德福學校 *12* 年的學習

NPO法人
京田辺
シュタイナー学校 編著　　劉建國 翻譯

發行者序

與所有在臺灣，甚或全世界的華德福學校的發展一樣，青禾華德福學園是在最有限的物質條件下，由九個家庭和四位老師共同懷抱無限的信念與希望，所成立的一所新學校。它也與所有能夠萌芽的種子一樣，受到非常多的眷顧與支持。

在青禾第一年的初春，透過一位日籍家長的引薦，日本資深優律思美老師秦理繪子老師，來到了我們最初的、唯一的一間小教室與我們見面。就在那天，她毫不遲疑的接下青禾優律思美教師的工作。一個神奇又緊密的合作就此展開，到了今天依然持續著。不只在優律思美的領域，秦老師在各方面都給予我們最大的協助——她本人即是日本東京史代納學校（現在的學校法人史代納學園）的創校老師，她知道在創校初期，最需要的是一個對於學校的清晰圖像，而這本書，就是在她的推薦之下得以翻譯出版。

去年十二月，為京田邊華德福學校長期工作的家長，也是該所學校的前任代表理事吉田教授來到青禾訪問。他開朗而正面、充滿信心的特質，就和秦老師一樣，也像這本書所記述的內容一樣。在這本書中，我們不只讀到了華德福教育在各個年段學習的核心，更看到了一所學校的建立與發展，憑藉的就是所有在這所學校裡工作的人，以及所有關心這所學校的人，共同對於人類本質與教育本質的相信。這點非常值得我們反覆思索。

今年是第一所華德福學校在德國斯圖加特成立以來的第一百年。這一百年來的華德福教育，經歷了二次世界大戰、教師的流亡、重建，一直到今天，在全球——特別是進入二十一世紀以來，在亞洲尤其發展蓬勃。世界各地的華德福學校，一方面承接著創立者史代納博士對於人類發展與教育的理解，另一方面也努力發展在地化的學習內容。京田邊華德福學校與京都及奈良當地的傳統行業與祭典活動緊密結合的做法，非常令人羨慕，那只有在珍視傳統文化精神的日本才有可能做到吧！希望這是青禾未來能夠努力的目標。

最後，要感謝二十多年來在臺灣推動華德福教育發展的前輩們與學校，沒有他們的披荊斬棘，像我們這樣新的學校，是不可能在這麼短的時間內，如此快速而穩健的發展。然而，就像這本書所說的，一所華德福學校不會有所謂「發展完成」的時刻。我們永遠都要面對時代的快速變遷與價值的變異。如同已逝的華德福資深老師Lothar Steinmann所說過的一句話：「一旦你接受了生命的不確定性，你便得到了真正的自由。」這就是華德福教育運動的過去、現在與未來。

臺北市青禾華德福實驗教育機構

林琦珊

京田辺シュタイナー学校
京田邊華德福學校

一九九四年，由幾位母親組成讀書會，開始了每周一次的「週六教室」。她們進而希望發展成立「全天制的華德福學校」，於是她們自己找土地、建物並募款，終於在二〇〇一年四月成立了自己的華德福學校。目前，京田邊華德福學校約有兩百六十名在籍學生，每天過著愉快的學校生活。

第一學期的最後一天，於傍晚到校並舉辦「星空祭典」活動

十周年紀念　家長與老師一起參與校舍維修

華德福學校的課程

華德福學校的課程，主要由主課程（main lesson，或稱週期課程）與副課程（或稱常態課程）構成。每天早上會進行一百分鐘的主課程和副課程，同樣的內容連續學習二到四週。每天孩子們從詠詩、唱歌、活動身體開始，逐漸的進入集中學習的階段。每個課程的主題都是依據孩子的成長階段設計，重視體驗，而非單純的知識習得，設法促進孩子與世界的有機連結。

一年級 優律思美：協調的手足運動，發展均衡的體態

三年級 語文：一邊進行手指遊戲，
一邊以全身體會故事的內容

一年級 英語：一年級開始學習兩種
外國語（英語、中文）

從六年級開始的園藝課　八年級前是種田，
到了九年級則是在果園實習

八年級：在愉快的氣氛中進行藝術課
大家興致勃勃的欣賞彼此作品的不同處

九年級 數學：大家一起發現公式

學校的每個角落隨時充滿了音樂
從低年級開始學直笛，然後是弦樂器，
到了十年級開始接觸管樂器

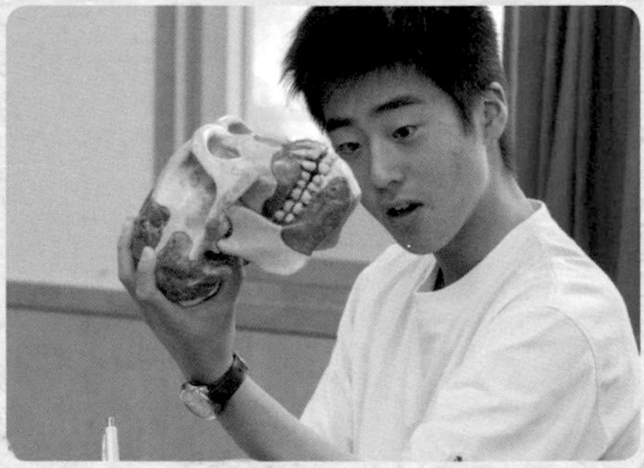

十年級 人體學：仔細觀察、思考

七年級 物理：體驗滑輪的力量

課程與黑板畫

在華德福學校，黑板在孩子們的學習活動中扮演重要的角色。老師們晚上花很多時間畫黑板畫，做為隔天上課之用。

六年級　幾何學

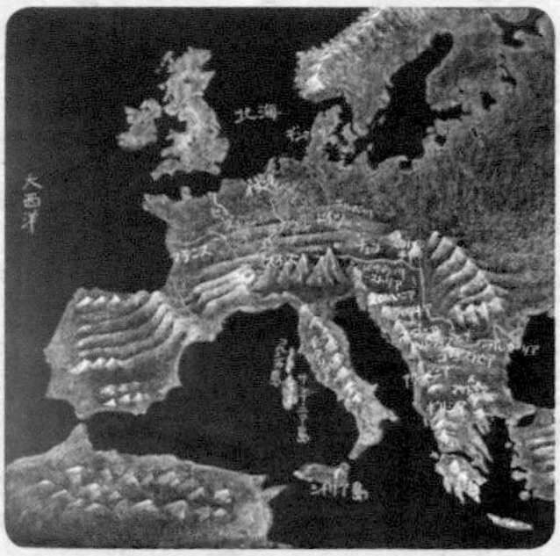

孩子們仔細的將畫在黑板上的地圖畫在自己的工作本上

四年級　日本古事記「國之生」

七年級　日本史「金閣寺」

從繪畫中擷取文字來學習

仿如大家庭的校內生活

在華德福學校，孩子們從入學到八年級為止，都是由同一位主帶老師帶領，班上的同學有如親愛的兄弟姊妹般一起成長。在小而美的京田邊華德福學校裡，不管是高年級、低年級、老師或家長，大家都彼此認識，自然形成一種有如大家庭般的氣氛。

今天是供餐日：高中部的學生們拿自己種的蔬菜，為低年級學童們的午餐加菜

最喜歡高中部大哥哥大姊姊的一年級學童

從一年級到十二年級
全校一起同樂的體育祭

文化祭

孩子們自己做的課本與作品

二年級

乘法

形線畫

一年級

語文
平假名

數學　加法

四年級

棒針編織　娃娃

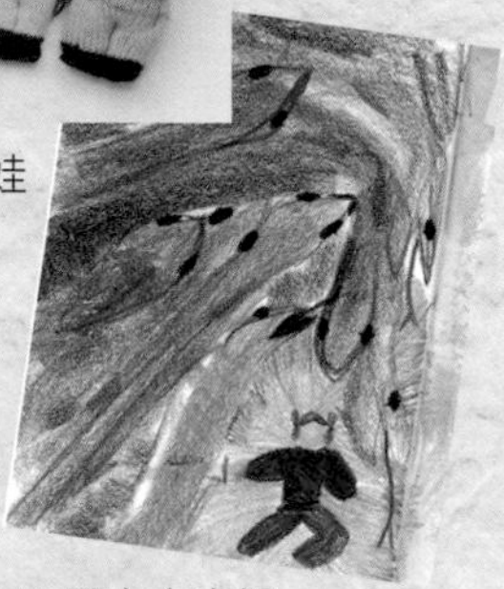

日本古事記

三年級

實務課程

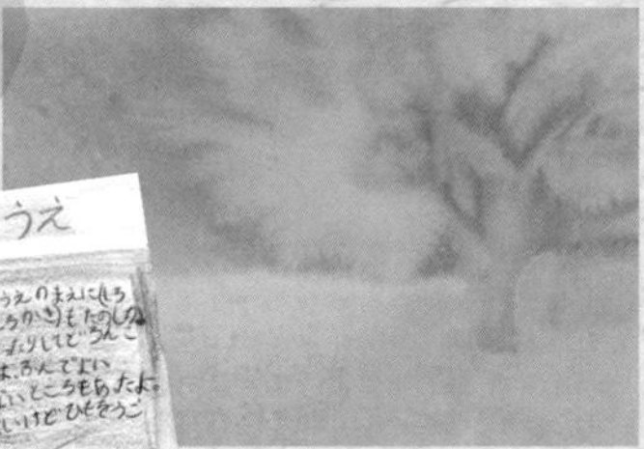

創世紀　第三天

五年級

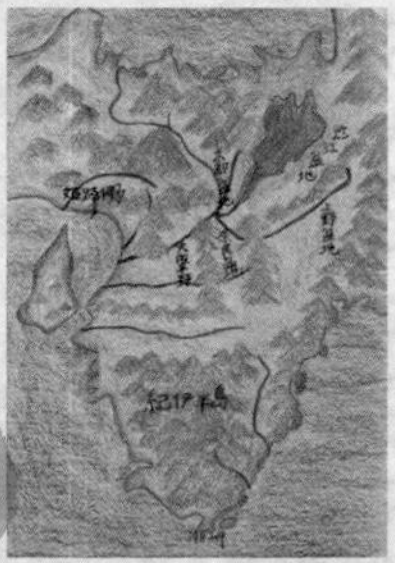

地理

植物學

六年級

日本史

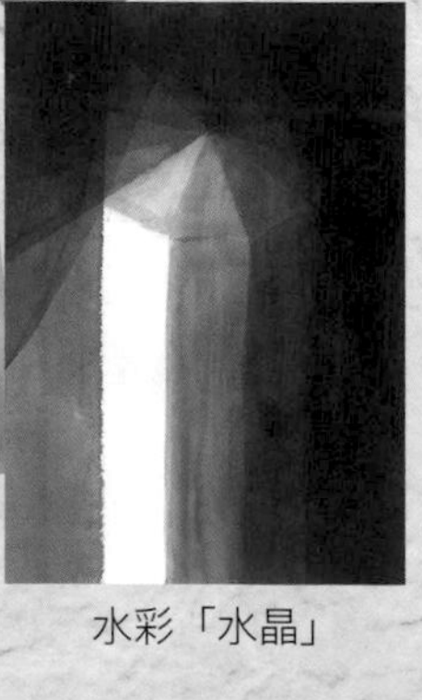

水彩「水晶」

七年級

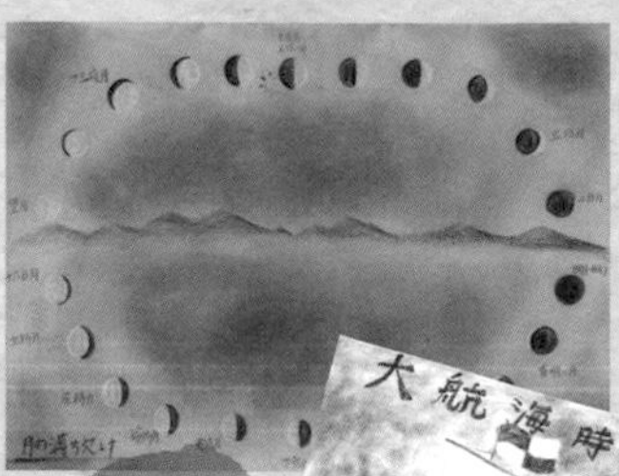

天文學
月亮的圓缺

文藝復興

八年級

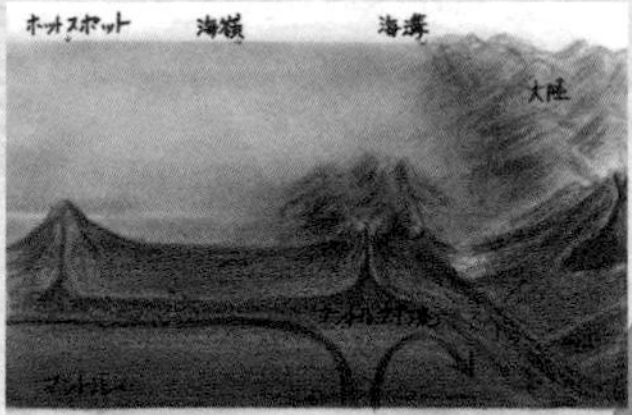

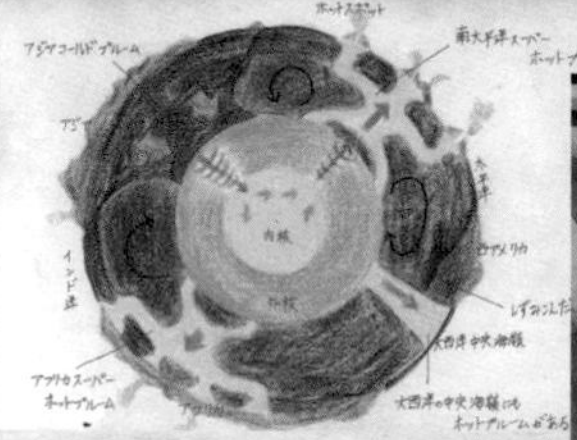

地球學

木工

九年級

現代史

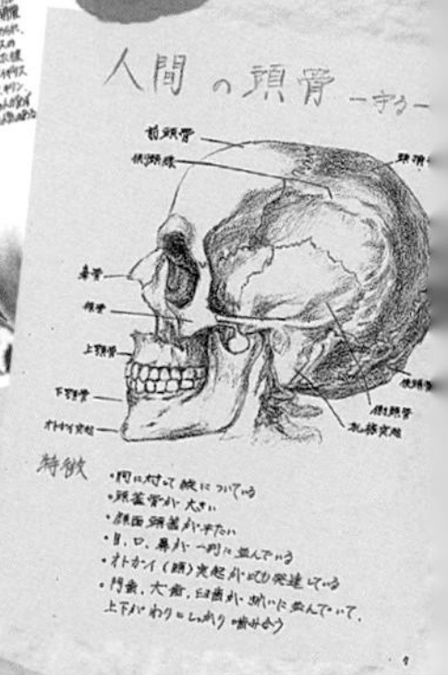

骨骼學

十年級

日本古典文學

藝術

十一年級

文學《帕西法爾》

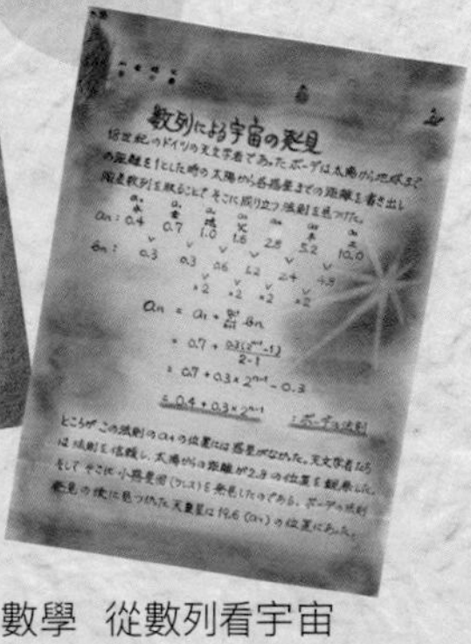

數學　從數列看宇宙

十二年級

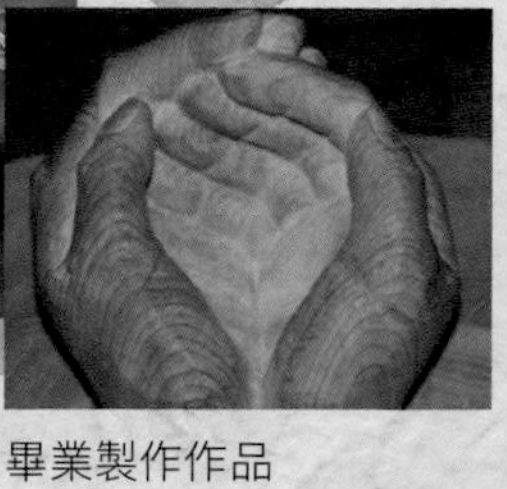

畢業製作作品

華德福學校的建築提供兒童完善的成長環境

京田邊華德福學校乃是依據史代納的建築理論建造完成的。這是一所符合兒童身體與心靈成長的建築體，以木材為基礎建材，大量使用曲線造型，配以淺色的牆面，連窗戶與天花板的造型及照明的設計也格外用心。無論是誰進入教室的空間，都會有一種安心感。

學校的生活配合著四季的更迭

租借校舍一樓的禮堂主要是供高中部學生使用

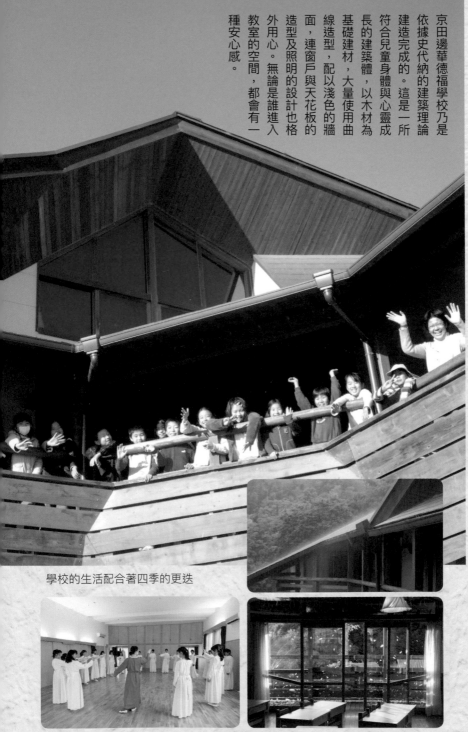

中文版序

日本京都一所華德福學校，曾出版一本名為《家長與老師共同打造的學校》的書籍，介紹該校實踐華德福教育的歷程。經過臺灣友人的協助，這本書即將發行中文版。中文版的出版，不僅令人雀躍，尤其對亞洲的華德福教育運動來說，也是一項極具價值的任務，對此我深表感謝。

我在京都這所華德福學校建校的十多年間，傾全家之力投入其中（三個孩子就讀這所學校，我的太太擔任主帶老師等教職，我則是學校的營運理事）。目前我仍往來日本各地的華德福學校，除了在高中教授哲學課之外，也參與「日本華德福學校協會」交流網絡的建立。從二〇一八年起，這個協會也帶領執行跨校合作培育師資的計畫。

我聽聞在臺灣，華德福學校正以多種不同的創建形式蓬勃發展。我也聽到新竹的國立清華大學碩士班，從今年開始，開辦培育華德福師資的課程。去年底，我到清大拜訪成虹飛教授，進行交流。利用這次機會，我造訪了臺北的青禾華德福學園。在那裡，欣賞了優美聖潔的耶誕慶典儀式，並享用加入紅白湯圓的冬至傳統點心。不僅僅是學校老師，還有積極參與的家長們所形成的社群，擁有著只有這所學校才具備的獨特風格，令我非常感動。

今年適逢華德福學校運動在德國誕生一百週年。展望下一個一百年，我希望並非只是延續過去的一百年。唯有像毛毛蟲結蛹，羽化成蝴蝶的蛻變過程，一次又一次的發生，華德福學校運動才有可能長久延續下去。

因此，世界各地的華德福教育，在完整確保其普遍性的精髓同時，另一方面，也需要在現代這個時間（Time）和各地（Place）的風土文化上，投入創意，進行更靈活的調整因應。身處不同文化圈，擁有不同歷史背景的華德福學校，彼此交流學習，將能帶來助益。

我衷心期盼，透過這次中文版發行的機緣，能和臺灣的華德福學校運動夥伴們，相互學習，建立長久深厚的情誼。

大阪府立大學　副校長
教育福祉學類　教授
京田邊華德福學校　顧問
日本華德福學校協會　專門會員
吉田敦彥

代序——京田邊華德福學校 教育視野

NPO法人
京田辺
シュタイナー学校

生命，有如壯闊的河流，由父母傳給孩子，由己身傳給他人，滔滔不絕地流向未來。二〇〇一年四月，幾條細小的水流，有如被孩子們所牽引，匯集於京田邊地區，進而誕生了京田邊華德福學校。如今，我們依舊在此相遇、交談，與孩子們共享時光。

孩子們的穩健成長是我們最大的心願。強健的意志、豐富的心靈、明晰的思考——當這些在孩子們的靈魂中相互交織，產生一種有如祈禱般的思緒，溫暖地環抱住他們的靈魂時，孩子們的內心將產生一股力量。那是一種與他人共同生活、感受、思考，一起實現夢想的力量。此外，除了珍視與他人的連結，有時，也需要具備獨自立於天地之間的堅強意志力。我們期望孩子們擁有「想望天空的羽翼」與「伸入大地的根系」，據以和他人生活在一起。

這所學校是一個以孩童為中心，家長與老師面對面對話、共同養育孩子的場域。因相同的想法而聚集在一起的人們，即使遇到不同意見時，也會彼此盡力溝通，努力形成共識。這個過程就像是將不同顏色的線，編織成一塊美麗的織品般，交雜著喜悅與痛苦，雖然辛苦卻是豐富珍貴的時光。我們相信，藉由我們共同的想法，以及實踐這些想法的作為，將有如流過地下的水脈，豐潤孩子們的心靈。

有志從事華德福教育者，必須戮力學習，具備提升自我的意志。與大家一起討論、分享彼此的夢想，同心協力構築全新的未來。每個人的心中都有一座湧泉，可以滋潤他人，也滋潤自己。有如不斷湧出的泉水般的思考，終將匯聚成一股清流、一條大河，迎向我們的夢想，並朝四處奔流而去。

我們希望，藉由這些作為，在這裡的生命經營，將有如河流般延綿不絕地朝向未來前進。

我們期待教育出何種人

向內深化，向外擴展

面對世界，並透過學習逐漸認識自己。隨著向世界擴展，持續帶動自我內在的深化。接著選擇自己該走的路，培養拓展人生的能力。在此基礎上，要能與他人及社會連結，成為創造新未來的人。

雙腳挺立於大地，雙手伸向天際

培養能獨立營生的基礎能力。同時，培育出能感知藏於現實世界背後的真理與美感的能力，具備超越個人生命經驗，擁有不拘泥某個時代的視野之豐富精神。成為挺立於天地之間，並能與真理及美同在的人。

華德福學校的老師們，希望每一位孩子在畢業前皆能養成以自然的體態站立，接受最真實的自我，並成為能對他人敞開心胸的「立姿優美的人」。

本書的前半部，主要介紹老師所負責的教育課程，後半部則描述集結於學校的大人們的活動，以及孩子們進行的環境營造。

「由家長與老師持續經營」是本校最重要的理念，因此本書書名取為《家長與老師共同打造的學校》。

學校的經營是沒有完成式的。期待透過本書，能讓讀者完整地認識我們學校的整體樣貌。

第 1 章

從出生到幼兒期，再到學齡期

華德福教育關於孩童成長的想法

華德福教育具有獨特的人類觀，此外，對於孩童的成長過程也有獨到的想法，再依據這個想法發展成具體的教育方法。本章中，將由本校某位從事過幼兒教育的老師，針對兒童從出生到就學前的成長過程做一解說。

小嬰兒先在天上挑選好自己的父母，再降臨到人間

幼兒期的孩童們活在「夢境」中

幼兒期孩童的意識狀態，並不像大人般那麼清晰明確。這個時期的孩子們有如活在夢境中。

有個朋友告訴我，她有一個還不太會說話的孩子，有一次一直盯著她看，感動的表情彷彿在說：「媽媽的臉好漂亮喔！」身為母親的她笑著說：「我絕對不是什麼美女，不知道在這個孩子的眼中，我是什麼樣子？」對小嬰兒而言，母親毫無疑問是他最喜愛的人，同時他能完全感受到母親對自己充滿溫暖呵護的愛意。

事實上，所有的嬰兒都像在做夢中的小天使。我們都曾有過一種經驗，就是當我們手裡抱著小嬰兒時，看著望向自己的黑色小眼珠，不禁會想這個小孩到底在看什麼？但是，小嬰兒轉眼間長大了，開始以自己的雙腳站立、學會走路、學會說話，年紀雖小，看起來卻若有所思的樣子。這時，周圍的大人們很容易會有「啊，這個孩子已經長大了，應該懂很多事吧！」的想法，而將小孩視為大人。

然而，幼兒期的孩子絕非生活在明晰的意識下。孩子在開始換牙的七歲之前，都有如活在夢境中的小天使。幼小的孩童不論其舉止看起來多麼像大人，仍舊活在有如夢境般的意識中。

過去我曾經在幼兒園工作，每天都會碰到各種情況。孩子一下哭、一下笑、一下又生氣。每次我都會想，孩子們是如何記憶這些日常發生的大小事呢？幼兒期的記憶絕非清晰完整，但是，我認為正因如此，沉浸於無意識中的每一天都非常重要，因為對於周遭環境的所有印象，將塑造孩子們的身體與心靈。

那是一件發生於某個烏雲密布的冬日的事。有個小女孩因為好幾次來不及上廁所，最後把帶來替換的內褲都用完了。其他小朋友都很擔心的問：「老師，怎麼辦？」

我仔細的把一件尿溼的內褲洗乾淨。孩子們看到我這樣做雖然安心不少，但仍會擔心的說：「可是今天好冷，太陽公公也沒出來，一定不會乾的……」所有的孩子圍在我身邊，盯著看我在做什麼，於是我拿起熨斗開始燙那件洗後溼漉漉的小內褲。沒過多久，白色的水蒸氣咻咻的從熨斗冒出來。

孩子們睜大眼睛興奮的喊著：「哇，熱呼呼的！」就在大家歡呼著「熱呼呼的小內褲！熱呼呼的小內褲！太好了！」的熱鬧氣氛中，小女孩似高興似害羞的穿上了內褲。

當時的那些小朋友如今都已長大了，相信在他們的心中不會記得這種小事吧。然而，那些由同學與老師所給予的關愛眼神與笑容所營造出的整體日常氛圍，就是孩子們對「幼兒園」的印象，也是圍繞自己的環境。我相信，那

些將在甦醒後的意識中消失的每一天，將成為孩子們漫長人生的基礎與心靈的支柱。

幼兒期的孩子與世界是合為一體的。當朋友哭泣時，自己也會悲傷了起來，不管是什麼原因，有時還會一起哭泣。母親是與自己最親密的人，因此，小時候當我們一看不到母親的身影，就會覺得不安而拚命的尋找。

對於幼兒期的孩子而言，世界充滿奇幻的事物，大自然也會跟自己說話。孩子們相信，從幼兒園回家的路上有一顆大樹，上面的樹洞裡一定住著小精靈，所以每天孩子們經過時都會大聲的對小精靈說「拜拜！」

在與幼兒期的孩子們共度的每一天中，我總是想著要如何給予這些活在夢中的孩子們一個舒服、美麗的夢。

日常生活的節奏，可以培養孩童的意志力

幼兒期是身體成長最快速的時候，人生最初的七年間，規律的生活有助於身體的健全成長。需要動腦的知性學習等年紀更大一些再開始就可以了。華德福德教育將人類的成長分成好幾個階段，致力於在適當的時期進行適當的教育活動。在幼兒期每天要過得健康舒適，首先要均衡的運動全身，以及每天以感激的心情食用有助身體健康發展的自然食物。

此外，據說重複的節奏有助於調整兒童的呼吸，並能

培養出作為人生基礎的意志力。持續進行具有節奏的生活，並反覆感受季節的更替是非常重要的。反覆進行向內吸納、朝外擴散的看不見的深呼吸，廣義上也可以說是一種節奏。

幼兒園的早上，總是先從室內的遊戲開始。有時用一大塊色彩豐富的布，圍在身上當作公主的洋裝，或是當作魔法師的斗篷。有時候會把教室中的椅子並排當作公車玩。

等公車坐滿乘客後，就讓扮演司機的孩子啟動車子出發。一方面我讓孩子們儘量發揮想像力，一方面讓他們以全身進行遊戲活動。在這個遊戲中，孩子們可以培養出前後運動的感覺能力，以及保持平衡感的動作能力。

玩具堆中的小木塊，今天要變身成什麼呢?可以變成載洋娃娃的交通工具，或是辦家家酒時的做菜道具。用手來感覺木頭表面的光滑感，或是橡果與胡桃等果實的觸感。幼兒期的孩子們全身都是感覺器官：眼睛所見的色彩或形狀、四周的景色、美味食物的味道、野外聞到的花香、耳朵聽到的人聲或聲響、手所觸摸的材質、吃進嘴裡的食物等等，孩子們用全身將這些事物全部吸納進來。這個時期的孩童，透過平日的生活，培育未來生存所需的各種感覺。

依據華德福的幼兒教育觀點，生活的節奏可以培養強

大的「意志」。每天早上起床之後應該儘量維持一樣的作息，從一個禮拜的節奏、一個月的節奏，大到一年的節奏，維持重複是非常重要的。每年固定舉辦季節性的活動，這種節奏感也會讓孩子們感到安心。每天不斷有新的事情發生，孩子們會無法定下心來。重複同樣事物的安定感比體驗新的事物更為重要。

因此，在幼兒園中每天的作息都是固定的。每個禮拜的同一天會進行同樣的活動，例如，水彩及蜜蠟黏土活動，或是烘培麵包活動。這些事情並不用語言傳達，因為無形的節奏感會在無意識中滲入孩子的身體。

再者，從大自然更迭的時序來看，春天來時植物一起發芽，百花齊放。當春天進入夏季時，大自然似乎在用力吐氣。相反的，由秋天走向冬季時，植物結實之後開始枯萎，樹葉開始掉落，寒冷的風吹拂著大地，種子蟄伏在土壤中等待春天的來臨，此時自然界似乎是朝內收斂。孩子們會無意識的將大自然這種呼吸的節奏內化。

孩子透過模仿成長

幼兒期的孩子會模仿自己身邊大人的所有行為。例如媽媽在買東西的時候，小小的眼睛會一直盯著媽媽看，看媽媽是如何挑選東西，然後拿到櫃檯去付錢，或是如何和

店員交談，觀察大人的肢體語言等等，這些印象都會印記在孩子心中。之後孩子在玩扮家家酒的時候，就會模仿所看到的一切，從店員說的話、給錢找零的樣子、把購買的東西裝入袋子裡，到講話的聲調等都照樣演一遍。我們常常在車站月台看到模仿站內廣播的小男孩，他的聲音跟從廣播喇叭傳出來的聲音一模一樣。

這與喜歡不喜歡無關，家長與老師——這些與孩子們長期相處的大人，正是孩子最佳的學習範本。

我在幼兒園工作時，曾經有個孩子模仿我說話的習慣，唯妙唯肖的讓我大吃一驚。還有一次他送東西給朋友時的肢體表現，與我的動作如出一轍，令我驚訝。孩子們從走路的樣子到打噴嚏的方式也跟媽媽幾乎一樣。由此可知，孩子們是從模仿中學習的。孩子們不只是模仿眼睛看到的大人們的動作，也模仿周圍的所有事物，例如感情的交流溝通。

大人希望教導出什麼樣的孩子，除了自己成為榜樣之外別無他法。說你希望孩子說的話，過著你希望孩子過的生活方式。

你希望自己的小孩會跟別人問好，自己先這樣做，沒多久孩子自然會跟別人問好。大人若有良善的心，身邊的孩子一定也會成為安穩、良善的人。孩子真的很認真地在觀察，他不是只用腦袋想要怎樣做，而是直接去做。

在幼兒園當老師唱歌時，孩子們立即跟著一起唱歌，連發聲的方法與聲音都學老師。當老師配合歌曲或詩的節奏舉起手時，孩子們也會自然的把手舉起來。就連眼睛不易察覺到的呼吸節奏，孩子們也會跟著學。當然不是每一個孩子的發展都會完全依循大人的想法，但若是你能理解幼兒期的孩子，在與年紀較小的孩子相處時會容易許多。不要企圖叫孩子們安靜下來，自己先小聲開始唱歌，孩子也會開始安靜地豎起耳朵聽。又如我們要把哭泣中的小孩抱在懷裡輕聲安慰，若是大聲斥喝叫他不要哭，小孩一定會哭得更大聲吧。對於幼兒期的孩子有一點是我能確定的，就是孩子們一直都像是我的鏡子，將來有一天會變得跟我一樣。

上小學的憧憬與不安

——入學前緊張與喜悅交雜的日子

對於那些想要送孩子進入京田邊華德福學校的家長們，我們會在孩子入學前的半年多前先跟他們見面。在說明會後所舉辦的個別面談中，我們會聽取家長對於教育的想法，並去了解每個孩子的狀況。我的眼前清楚浮現那些想要上學的孩子們高興的模樣。有些孩子充滿學習文字的欲望，會不斷追問這個字怎麼唸，但因為我們希望以全新的心情所進行的每一次學習都是充滿感動的，並且我們認為「學習」這件事在進入小學前是不需要的，因此有些家長會盡力抑制小孩想盡快學習平假名的想法。但是對於即將入學的孩子們來說，或許不容易做到。因為大多數的孩子對於進入小學學習新事物，是充滿期待與希望的。

另一方面，家長與孩子對於新環境也充滿了不安。能和其他孩子好好相處嗎？會乖乖地坐在教室裡嗎？可以正確的向老師或同學傳達自己的想法嗎？父母有好多要擔心的事。對孩子們來說，也是環境上的大改變，像認識新的老師與同學，或擔心跟不上學習，以及害怕一個人上學等等。我們做老師的為了盡可能讓孩子在入學前就能認識老師、同學，以及習慣學校的教室，在開學日前會安排所謂的「開學準備日」，這也是孩子們與老師第一次見面的時間。大家在四月之後即將上課的教室裡一同唱歌、彼此交談。但即使如此，開學日當天，大家還是一臉緊張的坐在椅子上。

十二年級與一年級

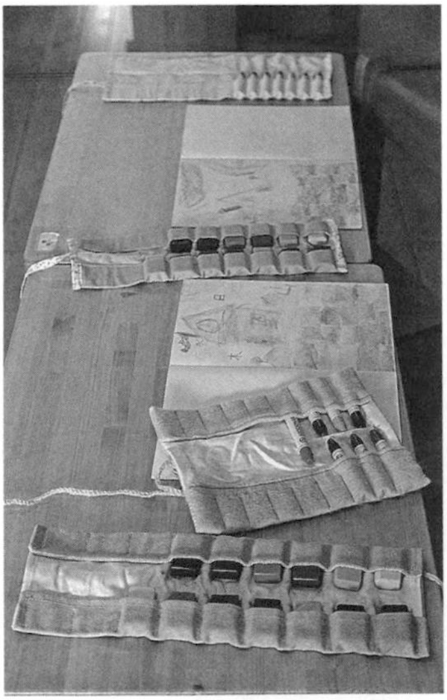

蠟磚與蠟筆

五音笛的練習

對於一年級的孩子而言，我們希望京田邊華德福學校的主帶老師可以扮演他們在學校時的父母角色。小孩子的內心是非常複雜的。原本安靜坐在位子上的孩子會突然流淚哭泣，有可能是想去上廁所，或者是身體某個部位痛，也可能是和旁邊的同學發生了什麼事。

這個時候，我們必須耐心的傾聽他們內在的聲音。

有時會有手腳受傷的孩子喊著「老師，好痛！」要老師幫忙貼ＯＫ蹦。即使傷得不嚴重，老師也要好好幫他止痛，細心地予以「治療」。孩子們彼此吵架時要仔細傾聽雙方的想法而不偏袒任何一方，讓孩子知道你有冷靜的在思考。如此度過每天的生活，並與家長及孩子漸漸建立起信賴關係。

在我擔任幼兒園的老師時，對於孩子們驚人的成長速度印象深刻。原本無法自行穿衣服、穿鞋子的小孩，在即將畢業時已經完全可以自己處理，還會當老師的小幫手，或是幫忙照顧年紀較小的孩子，年紀較大的孩子，已經成為能幹的大哥哥、大姐姐了。

但是，那些才七歲的孩子們，進入學校之後成為最小的一年級生。他們在學校這個廣大的新環境中每天過著緊張的日子。不過，老師們以及大哥哥、大姐姐們都會親切的幫忙照顧大家，學校就像一個更大的家庭。這些幼小心靈每一天感受到的驚奇與喜悅、悲傷與憤怒等情緒都會被觀照到，大家過著一起學習的日子。

上學後的每一天——一年級的孩子

剛入學的孩子原是處於幼兒期的孩童。對於意識仍有如在夢中的一年級學童而言，世界充滿了美好的事物。孩子的心靈非常纖細，只要稍微觀察一下，就會發現每個孩子都有一顆溫暖的心。孩子們每一個行動的深處，都帶有各自的「心情」。但是比較小的孩子無法將心中的想法正確的傳達給他人，因此，老師不能依據自己的價值觀與道德觀來判斷，必須努力去發覺眼睛所無法看到的部分。同時，要以孩子們能夠理解並有感的語言或內心圖像，傳達有助於生活的基礎道德。

對於一年級的學童而言，學習是件令人喜悅的事。此外，老師也是孩子尊敬的對象。老師所說的每一句話都深具影響力，孩子們完全信任老師說的話。在家裡，孩子有時會對母親說「這是老師說的，絕對沒錯！」他們好像認為老師是不可能犯錯的。因此老師對於自己說的話必須時時注意。

慶生會

這個時期的學習需要善用圖像。當孩子無法理解知性語言所傳達的「概念」，此時以充滿圖像的描述來教學，可以讓孩子的學習更生動有效。除了學校的學習之外，在日常生活中若能善用圖像來傳達想要告訴孩子的事，相信孩子的理解程度會相當驚人。

例如，當桌子沒有對齊，排得歪歪的時候，「歪七扭八老婆婆」就會出現，並告訴孩子們他們都中了「歪七扭八老婆婆」的魔法，這時孩子會馬上注意到桌子排歪了並立刻對齊。而不管老師問什麼，總是搶著說「這個我知道！」的小孩，則是中了「萬事通寶寶」的魔法。

此外，低年級的學童還留存有幼兒期的模仿衝動，老師的舉止會直接影響孩子的成長。孩子們會仔細聆聽老師說話的聲音與語言，並照樣模仿。老師上課時要意識到孩

圍在心愛老師的身旁

進行體育交流會的四年級生與九年級生

子隨時都在模仿自己的身與心，包含發聲的方式及聲調、手腳的平衡、身體的姿勢與動作，這些都會原原本本的被小孩模仿。我聽過一年級的孩子在家描述「今天發生什麼事」的時候，會不經意的用級任老師的說話方式再現上課情形。曾經有家長跟我說「老師，我好像看到你在課堂上說話的樣子耶」，讓我覺得很不好意思。孩子就是會把所有外在世界的東西變成自己的東西。

從低年級到高年級 ——持續成長的孩子

學校的孩子們隨著每天生活在一起，逐漸和老師、同學建立起信賴關係。一年級因為有老師的呵護，孩子們會覺得很安心。班級是「一體」的，大家一起聽課、一起唱歌、一起詠詩，真是快樂無比。

到了二年級，孩子們的內在開始產生「兩極」的變化，漸漸與老師產生距離。二年級的孩子與「聽老師的話就能安心」的一年級孩子不一樣，漸漸開始想要展現自己的能力，開始組成小團體進行活動，雖然不是想獨自一人，但這個年紀的孩子開始朝向「分歧」發展。

而三年級、九歲左右的孩子們的意識開始甦醒。開始感覺到自己與真實環境之間的距離。到了四年級左右，開始有「自己」的意識，並注意到自己與「他人」的不同。

像這樣隨著學年逐漸增長，孩子與老師的關係也不斷變化。老師要掌握每個孩子在不同時期的狀況，在不同的時期採用適當的方法來加強學習。主帶老師從孩子低年級的時期開始，一路陪著他們成長，直到他們能用自己的雙足走向世界。

燕子的雛鳥回來了！孩子們從二樓走廊地板的隙縫，窺看每年報到的燕子的雛鳥

第 2 章

一到四年級的華德福教育

華德福學校與它的授課內容

京田邊華德福學校的一天

京田邊華德福學校早上八點開校門。此時站在校門口等待的老師，以握手迎接來上學的孩子們。為了能長期掌握並了解孩子們每天的狀態與變化，創校十四年來都是同樣的老師站在門口迎接。接著，小朋友會走到主帶老師的身邊，伸出小手跟老師握手說「早安」。除了主帶老師外，有些孩子看見其他自己喜歡的老師，也會有點害羞的走過去跟他握手。

八點四十分開始上主課程。主課程是由主帶老師負責的語文（即本國語文──日語）、數學、理科及社會等科目，由朗誦魯道夫・史代納（Rudolf Steiner）生前所寫的〈早晨的詩〉（Morgenspruch）開始。主課程上到十點二十分，共一百分鐘左右。一百分鐘聽起來似乎是很長的時間，但並不是一直上同一個科目，也有朗誦詩或說故事，有時也會吹奏笛子或走到教室外面動動身體等，這些我們會留到後面再詳述。總之上課的內容是非常多元的。

另外，為了能夠更深化學習與體驗主課程的內容，我們會採取「週期學習」的上課方式，例如連續三到四個禮拜每天集中進行數學課程。

主課程結束後，十點二十分到十點五十分是「點心時間（飯糰時間）」。這個時間孩子們可以享用自己帶來的飯糰、水果或麵包等輕食。

十點五十分開始進行的是短時間內必須重複學習的外國語或音樂等藝術科目，以及包含主要科目的練習時間在內的副課程。四年級以下的副課程是三十五分鐘，五年級以上是四十到七十五分鐘，副課程之間休息五到十分鐘。練習的時間要做什麼主要由主帶老師決定，例如練習在主

二〇一四年 全年級星期一的課表

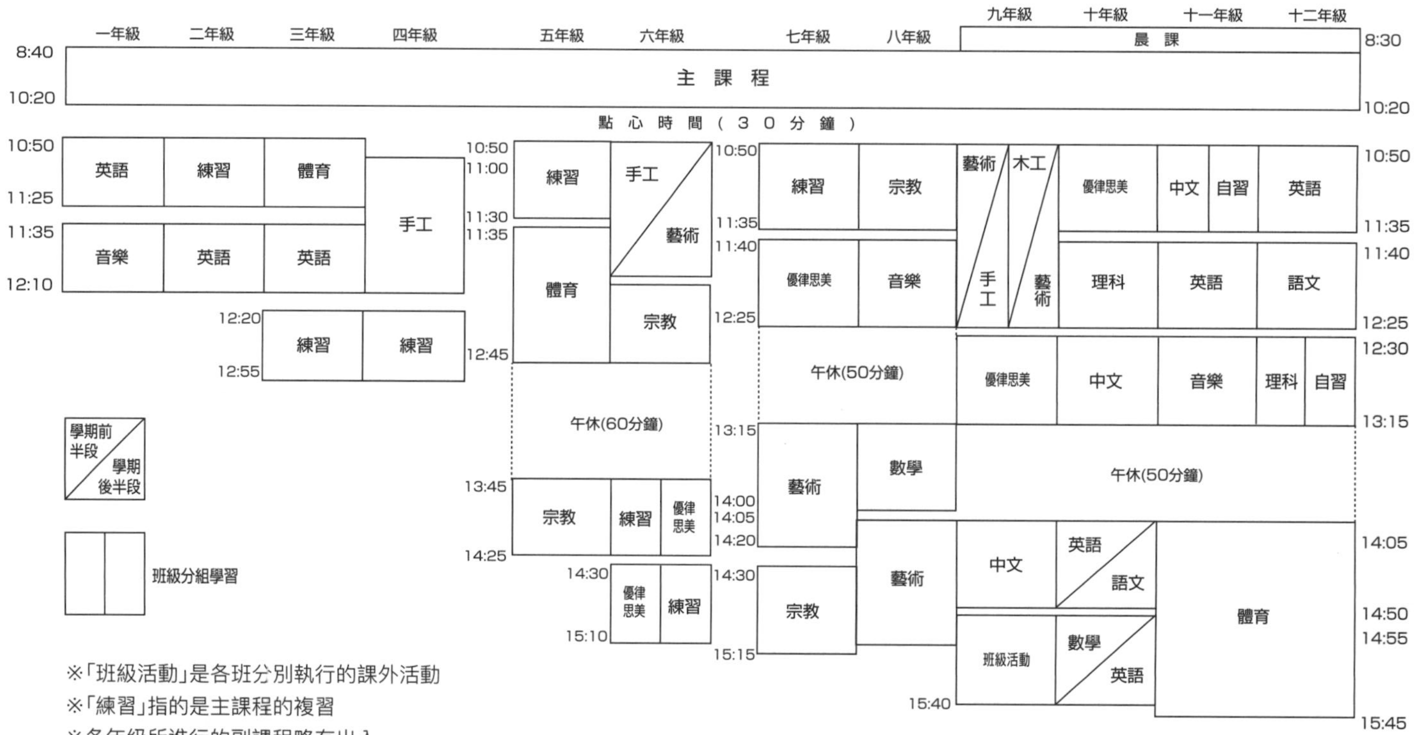

※「班級活動」是各班分別執行的課外活動
※「練習」指的是主課程的複習
※各年級所進行的副課程略有出入

老師用小搖鈴通知開始上課

課程尚未學會的漢字、算術，或是繼續完成在時間內尚未寫完的主課程工作本內容，或是做為教授濕水彩的時間等等。

低年級的副課程一天上二到三個科目，到了高年級，包含下午時間大約四到五個科目。

中午前的副課程與練習結束後，就到了午餐時間。孩子們在班上一起吃從家裡帶來的便當。午休時間可以在教室內、外盡情的遊玩。一個班級大約有二十到三十位學生，到二〇一四年為止，本校不過兩百六十位學生，因此所有的學生彼此認識，經常可以看到一年級跟六年級一起玩耍，跨越年級互動。

午休時間結束後，只有上半天課的低年級孩子開始打掃，回家的準備完成後，會和主帶老師一起唱〈返家的詩〉，結束一天的活動。

在京田邊華德福學校不會播放上下課的鈴聲。主課程開始時，孩子們只會聽到音量剛好可以聽得到的搖鈴聲。副課程的上課時間會依年級不同而不一樣，常會有七、八年級的課仍持續進行中，而六年級以下已經是下課時間的情況，不過這不會造成任何問題。面對那些忘記時間、玩瘋的低年級孩子們，上課時間到的時候，主帶老師會拿著「小搖鈴」搖出只在教室四周才能聽到的「鈴鈴」聲（這也是為了培養孩子的意志力）。孩子們會確認是哪位老師在搖鈴後進入教室。有時候，高年級的孩子也會協助提醒低年級的孩子。

某日三年級的主課程

接下來，讓我們透過某日三年級的實際上課情形，一窺一百分鐘的主課程是如何進行。

八點四十分　隨著鈴聲響起，老師進入教室後，開始與孩子們進行早晨對話。主要目的是讓孩子注意到季節的變化或觀察周遭的自然環境。老師有時會問小朋友「大家找到了秋天的禮物嗎？」或是問昨天下課之後做了些什麼事等等。

談話告一段落，孩子們開始躁動起來，這時老師悄悄的拿出五音笛開始吹奏。木製的笛身發出柔美的音色，孩子們立刻安靜下來，並在笛聲結束的同時起立。

老師將布置於教室角落的「季節桌」上的蠟燭點燃，並跟孩子們說「早安」。孩子們也向老師問候，大家一起開始朗誦史代納博士寫的〈早晨的詩〉。

老師將蠟燭放在某個孩子的桌上，大家開始一起唱歌。之後，老師會讀一首詩，這首詩是獻給那位桌上有蠟燭的孩子。讀詩的期間，老師全神貫注於這個孩子身上。這是為了讓孩子感受到，自己被關注的時間即使不長，每個孩子都是無可置換的存在。

主課程的開始

老師將蠟燭吹息後，再度放回角落的桌上，這時孩子們開始騷動起來。一聽到準備吹笛子的歌，孩子們一邊跟

老師正在說故事

著唱，一邊將笛子取出，並配合歌曲用手溫暖笛身，這麼做是為了讓笛子發出美好的聲音。接著，大家跟著老師一起吹奏五音笛。

在這段時間，老師完全不對孩子們做出任何指示，也不會要求他們「安靜」。完全透過老師的動作與手勢，一步一步的進行。由於每天的活動是在帶有節奏的重複中加入少許變化下進行，就算老師不用說話，孩子們也都完全能夠理解。

九點左右　走出教室在校園裡動動身體。這天孩子們玩的是「手牽手抓鬼」遊戲。由於鬼是一條小龍，每抓到一個小孩，龍的身體就會變長，當好多小孩手牽手變成一條巨龍時，想不被抓到就會變得很困難。而龍的身體也因為由多人組成，動起來需要團隊合作。忙著逃跑的小孩與抓人的小孩之間歡笑聲不斷。而這時在校園的另一頭，別班的小朋友正在玩躲避球。

華德福學校的教學非常重視從「內聚」到「外展」再回到「內聚」的節奏。在戶外充分「外展」後的孩子們，洗完手後再度回到教室裡。等所有小孩都坐定之後，大家開始一邊用手打拍子，一邊跟著節奏背誦九九乘法的第八段和第九段。接著，老師再度吹奏笛子，小朋友配合笛聲開始合唱。

九點二十分左右　老師開始今天的學習主題——「世界的房子」。黑板上畫著老師昨天講到的「世界的房子」

的圖畫。孩子們的桌上沒有筆記本也沒有鉛筆。他們透過老師對於沙漠裡的房子的描述，以及回答老師不時丟出來的問題，在自己腦袋中逐漸形成從未看過的「沙漠的房子」的圖像。孩子們對於將水注入素燒的壺中會變冰涼的話題非常有興趣，針對這個現象，老師給了「流汗」這個提示，於是大家紛紛提出自己的猜測。

九點五十左右　當孩子們聽到老師說「開始來畫工作本吧！」他們才會把工作本拿出來放在桌子上。老師要大家在昨天畫的「世界的房子」的圖之外，再加上今天提到沙漠裡房子的圖畫。聽過老師的講解後，孩子們將心中產生的生動印象，轉化為肉眼看得到的圖畫。比較小的孩子畫得幾乎跟老師一樣。隔天則以文章來表現。

十點十分左右　工作本收起來後，老師會將照明調暗一些。然後跟一開始一樣，把季節桌上的蠟燭點燃，接著開始跟小朋友說故事。內容是接續之前每天講一點的故事。孩子們非常安靜的、聚精會神的聽著。

故事說完之後，大家站起來詠詩，今天的主課程就結束了。

如前所述，主課程的前四十分鐘會進行各種活動。不僅透過遊戲般的運動來動動身體，還會因應孩子不同的時期，進行必要並帶有節奏感的動作，以促進身心的成長，有時是笛子合奏或歌曲輪唱；有時是背誦九九乘法表；也有的時候會用手在空中書寫之前學過的漢字。老師會仔細觀察當天孩子們的狀況與專注力來展開活動。而在後半段的主課程中，老師會一邊推展前一天學習過的內容，一邊逐步加深學習。此外，孩子除了利用課堂最後作為整理工作本的時間外，幾乎所有的時間都在注意聽老師說話（授課）。

另外，華德福學校的課堂上是沒有課本的。孩子跟著老師在完全空白的工作本上，以圖畫或文字來記載上課內容。在主課程的時間，因為同樣主題的內容會持續進行，因此工作本的記載內容也會隨著授課的進展逐漸增加，這個過程就像撰寫教科書一樣。換句話說，工作本化身為教科書。

同時，在華德福學校也沒有考試與成績單。雖然有時會使用類似測驗卷的東西，但那是用來確認自己所學到的

專心聽老師說話的孩子

內容，或是當作作業的一種工具。這裡沒有測驗孩子的學力與能力的考試，也沒有用來判斷學力與能力到達程度的成績單，學校不會以分數做為評鑑與排名的依據。因為華德福學校更重視的是眼睛看不到的能力。取而代之的是，在學年結束時主帶老師會將這一年所發生的事情，用類似信件的形式寫下來送給孩子們。

然而，到了國中及高中階段，孩子們開始想要確定自己的程度到哪裡，才會逐漸增加類似考試的方式。

以下我們將依照孩子們的成長狀況，一一介紹各年級重視的觀念，以及進行的授課內容。

不同年級的特徵與華德福學校的授課方式

一年級以體驗為導向的學習

在幼兒期促進身體發育的力量，到了一年級則轉向記憶力與想像力的發展，孩子們的內在已做好學習的準備。

孩子遇見令人尊敬的老師

一年級的孩子帶著對於學習的喜悅與期待，以及對於學校生活的不安進入學校。面對這樣的孩子，老師的首要任務就是要消除孩子的緊張感，讓他們感受到「在這裡是可以安心學習的」。在這個意義下，老師就猶如第二個父母般開始與孩子接觸。另一方面，孩子對於老師有一種憧憬的心情，一種對老師充滿敬意的強烈感受。對一年級的孩子而言，學校的老師是非常重要的存在。

華德福學校的老師必須以「權威者」之姿立於孩子面前。所謂「權威者」並非指「你要尊敬我」的那種權威，而是老師只要一站在孩子面前，就會讓孩子們心生仰慕之情。

與幼兒期不同，一年級的圖像化能力

即使來到學齡期，一年級的孩子和外在世界與自己尚未分離的幼兒期孩子一樣，仍舊沉浸在與世界合為一體的生活感之中。與幼兒期並無太大的差異。

但是，幼兒期的孩子與進入學齡期的孩子最大的不同，在於幼兒期的孩子是透過自己的身體來認識世界，而在進入學齡期後開始具備圖像化的能力。當然幼兒期的孩子也具有圖像化的能力，但對只聽過一次的故事，只會有模糊的印象。因此，他們每天都要聽同樣的故事，就算知道接下來會發生什麼事也會充滿期待。但是到了一年級，孩子聽過一次故事就可以在腦中轉化為圖像，因此不斷重複聽到同樣的故事時，態度漸漸變成「那個我已經聽過了，我知道那個故事」。

何讓一年級的孩子生活在這個世界的同時，感受到每個事物所具有的性質與意義。

有個班級在學習數字一的時候，孩子們畫了一顆小種子——以一個做為全體的代表，想要傳達「一」的性質。另一班則畫了「我」，表示雖有這麼多人，「我」這個存在卻只有一個。此外，「我」也有無法被分割的整體的意思。

像這樣導入一這個數字後，接著可以告訴小朋友，原本一體的世界分成了天與地，出現了白天與夜晚，說明東西分開變成二的概念。接著用天與地之間長出植物，或是爸媽之間生出小孩，說明連結兩個部分的東西，或是從中生長出來的東西是三的概念。

緊接著，用春夏秋冬四季交替帶出四，再以其他的意象帶出五、六、七等數字，像這樣一邊學習每個數字的性質，一邊認識數字。

此外，加減乘除的四則運算亦各具特質。例如，每次加二，或每次加三的一直算下去，這種有些急促、卻有如風一般輕盈跳躍的特質就是「乘法」。「除法」則有火向的特質，能夠嚴謹的辨識事物，並且公平的分配數量。一年級的數學就是這樣開始。

講故事比講道理更容易讓孩子入心

一年級的孩子在班上一起詠詩、一起唱歌、一起數數。從一開始，以強調第三拍或強調第四拍的節奏依序數數，這種節奏以後會應用在九九乘法的背誦上。

此外，在語文課堂上，也是採用大家一起朗誦、一起唱歌，從中感受自然與美妙的旋律，學習語文的美麗。

這樣的學習模式會應用在所有的教學現場中。例如教濕水彩時，老師不會告訴孩子筆要這樣用，或是筆要怎麼洗等等。老師不會說「好，大家把筆洗一洗吧」，而是說「這是小松鼠的尾巴，要經常保持乾淨喔！」像這樣伴隨著故事或歌曲來教小朋友。

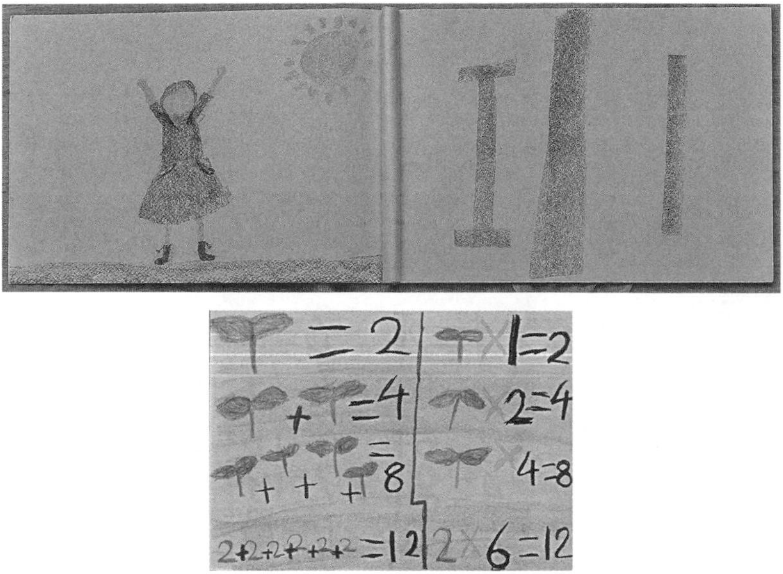

數學「一」(上)　加法與乘法(下)

在教小朋友遊戲規則時也是一樣，不會一開始就把小朋友分成兩組，而是先說一段故事：「從前有一個村莊，村莊裡的村民正在為了幫村子取名字而吵得不可開交，有人想要叫圖騰族，有人想要叫圖塔族……」像這樣透過故事讓孩子理解遊戲的規則。

簡單來說，對於這個時期的孩子而言，比較容易接受的說明方式，不是用言語來說明，而是用故事中的圖像來說明。

一年級孩子的意識仍舊處在緩慢、沉睡的狀態中。就像大人有時也會陷入半睡眠的發呆狀態，若是我們把這個時期的孩子視為處在類似發呆的無意識狀態下，就容易理解多了。此外，正因為處於這種狀態中，孩子才會將世界上所有的事物視為良善的、可信賴的。對於老師做的事，孩子們馬上照樣模仿，也是出於這種信任感所致。

幼兒期的孩子，藉由徹底模仿身邊的大人來成長。尚未完全脫離幼兒期的一年級孩子，仍保有模仿的衝動。舉個最容易理解的例子，當站在孩子面前的老師不發一語的舉起手時，孩子們也會跟著把手舉起來。老師將雙手交叉於胸前，孩子們也會將雙手交叉於胸前。這個時期的孩子不僅會模仿老師的動作，連老師的內在也會一起仿效。

面對處於這種狀態的孩子們，若是過於激烈的斥喝他們「好好記住！」「你要用腦袋、要思考！」「趕快醒過來！」等等，就如同突然強硬的把沉睡中的人叫醒一般。

就像深層的睡眠可以帶來舒服的甦醒一樣，在華德福教育中，重視的是在「何時」喚醒「何物」。

童話故事可以深化孩子的內在

這個時期，主課程的最後是童話故事時間，內容包括以前流傳下來的《格林童話》或日本的古老傳說等。說故事時，老師不會刻意模仿女巫的聲音，也不會讓小朋友看圖畫。老師盡可能以平實的口吻來說故事。孩子們不會被老師的聲調，或是某人畫的圖像所給予的印象所誤導，而是一邊聽老師說故事，一邊靠自己在心中產生鮮活的圖像，進而體會隱藏其中的深意。

認真模仿老師的嘴型

大家一起詠詩數數

在這一類的童話故事中，寫著許多不合常理的事情，像邪惡的女巫被火燒死的情節，以現在的角度來看顯得相當殘忍。但是，這類壞蛋最後都受到懲罰的故事，對於在這個時期相信世界是美好的、並且無條件信任的孩子們的內心深處，將可孕育出生存的力量——這種力量就好像在夢中與某樣東西相連結般，無聲無息的一起進入孩子的心中。

TEACHERS' NOTES

老師的速寫

一年級的授課風景（語文）

語文　平假名

在「語文」的課堂上，一年級的孩子透過故事來學習片假名。聽到主角偷窺的場景，孩子會把一隻眼睛瞇成小小的；聽到緊張的情節時，孩子會把眼睛睜得大大的，完全融入故事情節中。

當文字從圖畫中浮現時，孩子會發出「啊，真的耶！」的驚呼。而那些已經會認字，老愛說「這個字我知道」的孩子，也會露出驚訝的表情。孩子們在休息時間，會在自己的筆記本上練習寫已經牢牢記住筆畫順序的字。也有期待學習下一個字的小朋友說：「下次學會那個字，我就會寫自己的名字了。」

從第二學期開始，會正式開始使用蠟筆學習寫字。對孩子們來說，蠟筆就是蠟筆，蠟筆也不是蠟筆——每當換顏色時，就會看到在宇宙飆速的「火焰紅」號，或是正在巡弋的「大海藍」號散落在教室各處。

秋季假期結束時，開始「數學」主課程：利用數字一到十二來學習加減乘除四則運算。

TEACHERS' NOTES

老師的速寫 一年級的授課風景（濕水彩）

「昨天我們學會了『河』這個字。今天我們來讓閃閃發亮的光線在河面上遊玩吧。」

今天是第一次畫濕水彩的日子，孩子們興奮的看著眼前各式各樣的畫具。

「尾巴（筆）要經常保持乾淨，先放進浴缸洗澡吧。」

孩子們在裝了水的玻璃瓶中晃動水彩筆。我對著動作稍微粗魯的孩子說：「在浴缸裡，動作不要太大喔。」

那個孩子傻笑後放慢了動作。

「從浴缸出來會溼答答的，大家先在浴缸的邊緣把尾巴的水刮乾淨，再用毛巾吸乾吧。」

於是大家就像幫小寶寶擦身體一樣，用毛巾包住水彩筆再慢慢壓乾。

「接著，大家把光裡面的黃色帶出來吧。」

孩子們毫不考慮的從兩種黃色中選出光的黃色，並用水彩筆沾滿後塗抹在畫紙上。有在畫紙到處灑滿光的孩子，有從畫紙中間往外擴散光的孩子，也有把光從畫紙上方向下傾洩的孩子。

上濕水彩課時的氣氛，比一般課堂中孩子跟著老師使用蠟筆畫畫或寫字時，更加溫柔和諧。接著，我讓孩子們用暖色系的黃，再把稍微變寒冷的光溫暖過後，結束了今天的水彩課。

藉由說故事的力量，可以讓孩子們輕易的了解繁瑣的程序，但有時候我也會發生意想不到的失敗。

上課進行中，來回走動的我對一個孩子說「要用瓶子裡的水來洗筆喔」，那個孩子睜大眼睛疑惑的問我「老師，什麼瓶子啊？」糟糕！我說錯了，應該說浴缸。我連忙更正：「是要放進浴缸裡洗啦。」那個孩子馬上了解我在說什麼。

濕水彩 作品在義賣會場中展出

不同年級的特徵與華德福學校的授課方式

開始發現內在自我的二年級

這個時期的孩子們，開始意識到存在於自己內在的愚蠢、醜陋與狡猾。

開始注意到自己內在中的陰暗面與醜陋面

即使來到二年級，孩子依然跟一年級時同樣尚未完全脫離活在夢境中的狀態，但已逐漸開始注意到外面的世界。這個時期開始意識到自己做為人類所具有的愚蠢、醜陋與狡猾的一面，可說是最明顯的展現。

幾年前，有位二年級小孩的母親撥了一通令我印象深刻的電話。這位母親在電話中告訴我：「我的孩子第一次說謊了！」

還很小的小孩，如果在草原裡發現蚱蜢，會一邊觀察蚱蜢一邊跟蚱蜢說話或玩耍，進入自己所創造的世界裡。對大人來說這完全是虛構的事情，但對孩子本身來說卻是千真萬確的世界。那個說謊的孩子也正在經歷這樣的時期。

早晨的唱遊時間（晨圈）

但是到了二年級暑假，開始有了變化。那個孩子對於媽媽不願買給自己的東西，會硬逼奶奶買。當媽媽發現後問他「你叫奶奶買什麼給你？」那個孩子卻回答「什麼都沒買呀」。在那之前那孩子即使挨罵，也會老實的說出所有的事，這次他卻是有意識的說謊隱瞞。那位母親憂心的說：「這是他第一次說謊。」說謊時知道自己在說謊，這種情況的顯現，正是開始意識到自己內在的陰暗面或醜陋面的二年級時期。

人類雖有愚蠢與滑稽的一面，但也具備超越這些、崇高的一面

華德福學校二年級的課程，主要是加強一年級的學習課程，並不會增加新的科目。但是，最大的不同在於，一年級時說給孩子聽的《格林童話》或日本的民間傳說，將換成動物寓言或聖者傳記等故事。

動物寓言是指以動物為主角，描述其滑稽或是愚蠢的故事。例如輕浮、喜歡惡作劇又不正經的黃鼠狼，最後卡在地板的洞穴裡動彈不得；害怕寂寞又膽小的兔子，最後獲得一點勇氣；或者像老是羨慕人類的驢子，最後必須背負沉重貨物，這些都是每個人小時候聽過的故事。

這些故事雖然都是描述動物的故事，但是孩子們開始漸漸注意到與自己內在的黑暗面或醜陋面相互吻合的地方。每次都不聽老師的話，就先開始行動而遭遇失敗的自己，就跟黃鼠狼一樣；總是顧慮許多事而一直不敢踏出新的一步的自己，跟總是擔心害怕的小兔子一樣；還有動不動就羨慕身邊朋友的自己等等。

孩子們一邊享受幽默的動物寓言故事，一邊認識到人類的愚蠢與滑稽。

另一方面，在聖者傳記中，訴說的是那些能夠克服自己的軟弱與醜惡，完成超越人類能力所及的成就之崇高人物的故事。這些故事可以讓孩子們心生崇敬感，養成想達到更高境界的心。

換句話說，在二年級時期，透過動物寓言或是聖人傳記，讓那些開始意識到自己內在愚昧與滑稽的孩子們認知

優律思美　大家圍成一個圓圈

到，人類確實有愚昧與滑稽的一面，但同時也具備能夠超越這些的能力，達到更高的境界。

據此，孩子們可以察覺到自己擁有可以超越內在黑暗面的能力。

人有各種不同的面向，他的某一方面是好的，所以只要那一方面就好，這樣的想法是不對的。兼具兩者，並於其中取得平衡，才是這個時期必須開始學習的重要課題。

TEACHERS' NOTES

老師的速寫

二年級的授課風景(動物寓言)

「我喜歡小狗，因為總會被寵愛又有用。」

「狗狗是人類的好朋友啊。」

「大野狼很厲害，因為牠會自己找食物。」

「大野狼總是自由的到處奔跑。」

「我不喜歡大野狼，因為牠會吃小孩子。」

「可是，大野狼會對著月亮嚎叫，好酷喔。」

上二年級的動物寓言課時，會在說故事前先和孩子們聊各種事。故事結束之後，不會加入解說或是教訓之類的補充，而是先透過跟孩子們之間的充分對話，讓他們能夠理解故事內容。

在第一天，除了進行前述的對話外，我說了〈大野狼與狗〉的故事。

到了第二天，孩子們分享各種他們所知道有關狗的事情，了解到原來狗也有許多種類。然後我說了〈牧羊犬的故事〉，故事大意是一隻小狗對著大牧羊犬狂吠，但是牧羊犬卻默不作聲的走過去。

別的狗問牧羊犬：「你為什麼不生氣？」牧羊犬回答：「小狗只會亂叫，沒其他本事。我的利牙是要留給大野狼的。」（摘自魯道夫・史代納《教育藝術２》（１９８９年，日本筑摩書房））

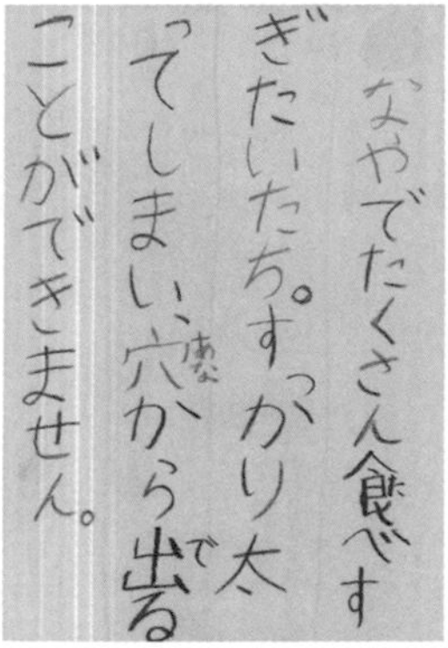

面對好像由前面一長串對話濃縮而成的牧羊犬故事，孩子們感受到與先前聽童話故事時不同的滿足感。孩子們透過各種動物的故事，去認識人類的各種面貌。

九九乘法的黑板畫

TEACHERS' NOTES

老師的速寫

二年級的授課風景(數學)

「二一得二、二二得四……」二年級孩子即將結束本學年度第二次的數學主課程。每天，教室裡配合節奏背誦九九乘法表的聲音不絕於耳。大家圍成一個圓圈，配合手和腳打的拍子，一邊動身體一邊背九九乘法表。朗朗上口的旋律，即使不是在上課時間，只要有人開始哼唱，沒多久其他的孩子也會加入，最後變成大合唱。

聽到孩子們充滿鬥志的說「我想要學第四段！」我不禁莞爾一笑——還是先把第二段學好再說吧。

對於不屬於九九乘法表的「二乘以十一」該怎麼理解呢？班上的小小數學家們想出三種簡單的計算方法。

「因為每次增加二，所以依序往上加二就可以。」

「例如二乘以七，想成有兩個七就對了——倒過來算會比較容易了解。」

「二乘以十一的時候，這裡（十位數）可以用手遮住啊，然後這裡（個位數）就一樣。意思就是，二乘以一等於二，二十已經有了……所以二十加二就有答案了。」

每種算法都讓孩子們聽得直說「原來如此！」看著這些無形中已經在說明乘法筆算方法的孩子們，讓我感受到他們的內在已發生不可思議且深層的變化。

開始意識到「我」的存在的三年級

不同年級的特徵與華德福學校的授課方式

從與周遭世界融為一體的感覺中跳脫出來，意識到做為「個體」存在於世界中的自己。

孤獨又不安的九歲危機

到了三年級之後，孩子們開始體驗到內在的巨大變化。開始感知到自己與周遭的世界已不再是一體的，自己乃是做為「個體」存在於世界中。這意味著，自己已與之前完全信賴、毫無疑問的周遭世界切割開來。孩子們突然懷有與世界分離後的孤獨感與不安感，陷入不安定的狀態中。

例如，有些孩子會突然想「搞不好，我的媽媽不是我親媽媽」，或是變得非常害怕自己死掉。此外，這個時期的孩子也開始非常在意朋友怎麼想自己，或老師對自己的看法是什麼。

「大家都討厭我！」「那個……我也不知道為什麼，最近覺得好難過喔。」這些都是孩子們之前未曾經驗過的

仔細看著老師寫在黑板上的內容，記錄在工作本上

插秧

的，有時也必須借重專家與大人的協助。在這個時期讓孩子們蓋房子，主要是希望他們實際感受到，即使突然與無條件守護自己的世界分隔開來，這個世界中仍有「我」可以好好活著的地方，還有可以保護「我」的地方。

例如，在蓋日本木造屋時「立柱」這樣的動作，就好像挺立於大地之上的自己一般。

又如蓋磚房時，必須堆疊大量沉重的磚塊，這讓孩子一方面感受到磚塊的重量，一方面建造出足以保護自己的堅固牆壁。在建造房子的過程中，讓孩子體認到不僅是與外在的世界隔開，也意味著在與外界的互動下逐漸形成「自我」的空間。

孩子們藉由實務課程的學習，體驗人類雙足開始站立後是如何持續營生的。實際感受人類如何以雙手去改造周圍的世界，以及實際透過工作體驗，藉由自己的雙手再度構築起與外在世界的關係。

在三年級的課堂中，其他科目的課也會加入實務課程的學習元素。例如上數學課時，會實際測量物體的重量或長度等。也會學習計算時間，或在教室裡開小店鋪，學習如何算錢及如何使用錢。

此外，在音樂課堂上，從之前的獨聲歌唱，開始練習輪唱或合唱。聽聽與自己不同的聲音，感受由此產生的合聲，正是開始意識到自己與他人不同、這個時期的孩子們最拿手的事。

蓋房子　柱子上架橫梁

TEACHERS' NOTES

老師的速寫

三年級的授課風景(實務課程)

體驗「衣食住」的實務課程開始了。三年級的「實務課程」不單單只是「體驗學習」，也是培養基本生存能力的重要主課程。對於面臨與世界分離的九歲孩子而言，透過這個週期學習，可以緊密的與大地連結，感受到以自己的力量來創造的喜悅。

新的學期一開始，首先馬上去田裡工作犁田、施肥，以及把土壤翻鬆。大家對於接下來要種什麼樣的植物充滿期待。

孩子們很喜歡田裡的工作，做得非常認真。「下次要帶便當來這裡吃！早上就過來！一整天都想待在這裡！」好像他們都不想回家的樣子。

在明亮溫暖的春日陽光中，孩子們並肩走在田埂中的姿態顯露出自信，胸中充滿對於新年的希望。

●

第一學期的最後兩個禮拜期間，大家同心協力將大塊的布縫合在一起，然後砍下竹子當作支柱，共同搭了一座可以容納二十位孩子的印地安帳篷。

在放暑假之前小朋友首次住在學校，晚上會短暫在帳篷中度過。這是學習蓋房子前的導入階段，也是為「長度」的學習做準備。

剪羊毛

在這個主課程期間，孩子們以「身體」為基準來認識世界中的各種長度，學習「公尺」這個以「大地」為基準、恆久不變的單位。

第二學期從加深長度的學習開始。

每組裁切一段一公尺長的繩子，用來測量學校內或周圍的各種場所。

透過「測量」的行為來熟悉一公尺這個長度。在熱絡的討論聲中，大家測量了運動場的寬度、教室及表演廳的尺寸。當大家熟悉公尺之後，接著學習「公里」這個更大的單位。

用自己的手定出一公尺來測量長度後，就比較容易想像「一公里」的長度與距離大概有多長、多遠了。「那個我早知道了！」「那個我有聽過」等等，對於「公厘」、「公分」、「公里」等單位的學習，充滿了實際的感受。

春天種的蔬菜，到了夏季有了豐碩的收穫。三年級的孩子，正開始準備種植冬天蔬菜。另一方面，在夏季期間持續成長的棉花，終於由花朵結成果實，到了第一次採收棉球的時候。

孩子們非常驚訝棉花的白皙與柔軟與羊毛完全不一樣。棉球中藏有許多堅硬的種子。孩子們一邊祈禱每粒種子明年都會再度開花結果，一邊拚命的用小手仔細的把種子挑出來。

●

實務課程的課堂正在進行。孩子們正清洗自己剪下來的羊毛，然後把它捻成絲線。那些剛開始看到沾在羊屁股上的糞便大叫「哇！好噁心！」的孩子們，如今一邊哼唱著便便歌，一邊將羊毛骯髒的部分清洗乾淨。

布匹在我們生活中隨處可見，但是要先紡成紗線再織成布，是多麼辛苦的工作啊！我看著孩子們努力想要紡出紗線的模樣，期待他們能多理解身邊的人與世界。

●

十一月時，三年級的孩子開始建造小房子。

《舊約聖經》中記載該隱的兒子們，用鐵製作比石頭還要堅固的工具，用來砍倒巨木做為房子的支柱，建造了第一個「家」。每個禮拜六孩子們聽著這個故事，一點一滴的進行搭建工作。

那些長年飽受風雨淬鍊，壽命遠遠超過孩子們的巨大針葉樹，其生命透過新的「家」的形式得以延續下去。孩子們在主課程工作本的扉頁上也畫了一棵筆直站立的針葉樹。

這間小屋雖然不大，卻是不折不扣用木頭卡榫組合而成。對三年級的孩子來說，使用鋸子鋸木頭還是有些困難，因此仍需要父母的大力協助。三年級孩子第一個進行的工作，就是

實務課程　蓋房子　歷屆三年級孩子蓋的房子

在木頭上塗抹天然的塗料，以延長木頭的壽命。

接下來是建造地基。先在四個角落挖洞穴，用水管注入水，再利用水的高度來決定水平。接著攪拌水泥，等水泥凝固後，將成形的水泥塊基座埋入洞穴中。

新的一年到來，上樑之後接著進行屋頂及牆壁的建造工程。另外，因為收到孩子們自己種植、收割的糯米，我想可以用來做為灑糯米祈福儀式之用。

每天早晨的嚴寒中，三年級的孩子仍充滿了幹勁。我衷心的期盼建造房子的過程，能讓那些正值九歲、因開始面對世界而感到不安的孩子們，有一個心靈的寄託。與父母們一起完成一個又一個的計畫，每天都充滿了喜悅。

不同年級的特徵與華德福學校的授課方式

對世界產生興趣的四年級

因自我與周圍世界的分離，萌生可以客觀學習世界的能力。

理科教學的正式展開

到了四年級，開始面對世界的孩子們逐漸擴大對外在世界的關心。在經歷過九歲危機，並能與世界保持某種距離的情況下，使客觀的學習成為可能。在這個意義下，可以說這是一個「學習」真正開始的時期。

在華德福學校裡，這個時期首度開始理科的授課。在這之前雖然有時也會談到大自然的事，或是在一年四季中進行各種大自然的體驗，但這些僅止於是那些感覺與大自然合而為一的孩子們，對於自己周遭世界的一種體會罷了。

但是，做為獨立科目的理科教學是從四年級開始。首先，孩子從身邊的動物開始學習。

吟唱〈早晨的詩〉

四年級的工作本與作品

YURI

手工　十字繡的插針包

ゆうゆうと大空をまう空の王者、
イヌワシは、つばさを広げると、200セ
ンチ以上にもなる。
生きた動物だけを食べるイヌワシ
は、高い空から、3キロもはなれた所に
いるうさぎを見つけ、時速200キロメー
トルのスピードで、一気に地上にまいおりる
羽毛におおわれた太い足の先の鋭
い爪を広げて、うさぎをわしづかみにして
ナイフのようなくちばしで肉をひきちぎる。
太陽の光をあびて金色にかがやく
羽から、ゴールデン・イーグルと呼ばれる。

動物學　金雕

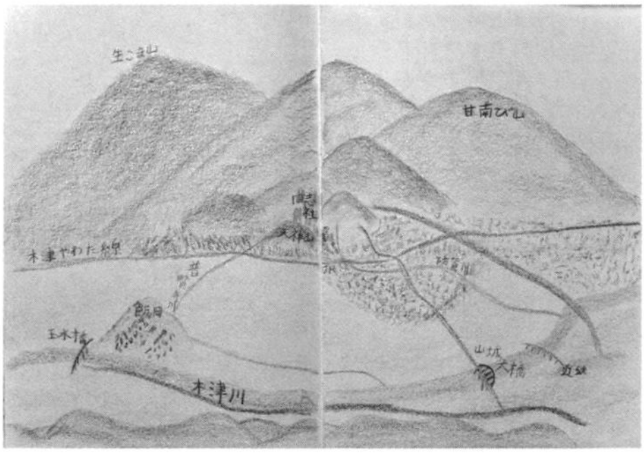
木津川

鄉土學　步行學校周邊後畫的地圖

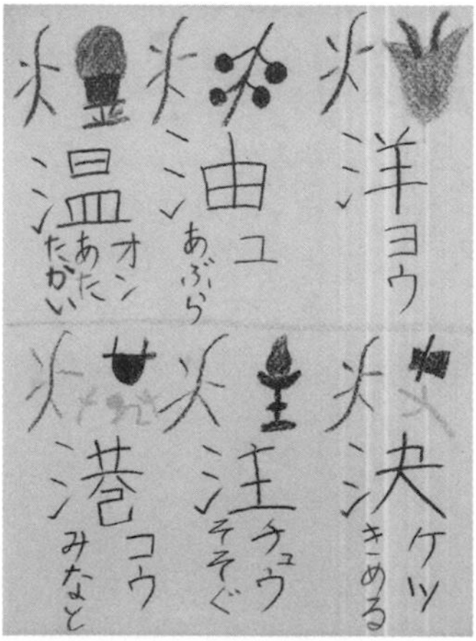
洋 ヨウ
油 ユ あぶら
温 オン あたたかい
決 ケツ きめる
注 チュウ そそぐ
港 コウ みなと

語文 「水部（三點水）」的漢字

不同種類的動物各具有什麼不同的形態？而依據這個形態產生什麼樣的生活方式？各種動物身體的哪一個部分擁有比人類更優秀、更強化的能力？或者因那個被強化的能力，牠的生活受到何種限制？小朋友一邊聽老師說明，一邊回答老師的提問，逐漸學習到動物擁有的優異能力，以及由此所形成的生態。

這種對於動物的學習，也是一種透過動物來認識人類的方式。

動物學　大象

例如，人類無法跑得像金錢豹一樣快；無法像海狸一般，在沒有工具的情況下建造厲害的家屋；也無法像牛一樣擁有優異的消化器官。那麼跟這些動物比起來，人類到底是什麼樣的生物？

與其他動物比起來，人類沒有任何一種能力是優於牠們的。但是人類可以協調所有能力，以及具有可以適應各

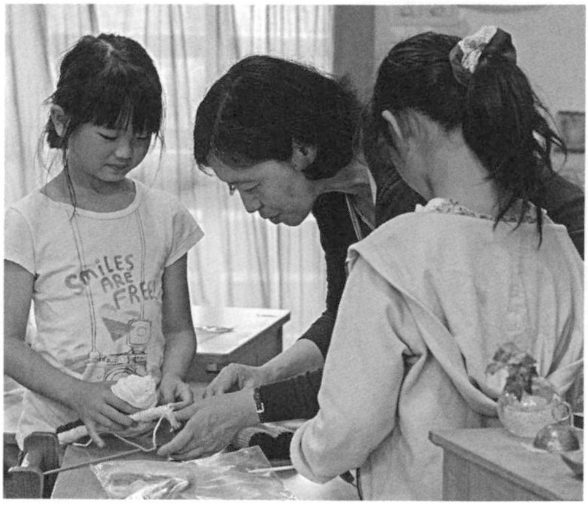
手工　棒針編織

種狀況的可能性。手是人類獨有的身體構造，手不僅可以為自己工作也能為他人工作，這就是人類。透過這樣的學習，讓孩子理解是什麼讓人之所以為人，並培育他們用心觀察人類存在的雙眼。

學習離自己最近的外在世界——「鄉土」

四年級的孩子開始關心外在世界，學校也開始上鄉土學（臺灣所謂的「地方探究」）的課程。首先，老師講述孩子每天通學的京田邊華德福學校附近區域的相關故事，然後讓他們親自走過這些場所，見識各式各樣的事物。一開始先不讓孩子使用記號化的地圖，而是讓他們將自己走過或實際看過的景物繪製成地圖，之後再逐漸予以符號化。

這正好跟我們最初學習文字時，透過圖畫產生文字的學習過程是一樣的。在這裡我們把看到的東西畫進地圖裡。

如此一來，能讓孩子漸漸認識自己所生活的區域，感受地區的豐富性，進而產生生活在這個土地上的喜悅感。

此外，這個時期的孩子擁有更為豐富的個性，適合講述日本《古事記》或《北歐神話》故事。因為《古事記》或《北歐神話》中出現的各式人物（神祇）都是具有豐富個性的角色，認識這些強調人類不同個性的故事，其目的與認識具有不同能力的動物是一樣的。

日本《古事記》

TEACHERS' NOTES

老師的速寫

四年級的授課風景（鄉土學）

奈良東大寺二月堂的送竹活動

二月十一日的早上，我們從學校出發，在觀音寺與山城松明講社的成員會合，一起跟著「二月堂松竹」的旗幟進入竹林裡。這附近生長著許多直徑超過十公分的桂竹。

山城松明講社的成員將竹子搬運到竹林外後，便對大家說：「好吧，接下來輪到孩子們來扛竹子了。」孩子們依照高矮排列，從竹子的根部開始依序排隊把竹子扛在肩膀上，然後慢慢的走下散落著家屋的窄小山路。

有人高聲大喊：「哇～好重喔！」後面的小孩子叫著：「太高了！放低一點。」可能因為太興奮了，孩子們的臉頰都泛紅了。也有拚命想要扛竹子的孩子反而被旁邊的孩子抱怨：「喂，你不要在那邊吊單槓。」一路上，大家你碰我、我撞你的慢慢走下山。

走出石階路後沒多久，來到了休息站。我們被招待享用了蘿蔔的大鍋煮：與油炸豆腐皮一起慢慢熬煮的軟爛蘿蔔湯，被裝入鋸下來的粗大竹器中食用。大家休息一下暖和身體後，一路走到了觀音寺。

寺院為我們及運送過來的六根竹子祈祝平安抵達目的地，並用毛筆在竹子上撰文。從這裡開始，地方人士也開始加入運送的行列，大家跟隨觀音寺的住持，沿著普賢寺川沿岸將一根一根竹子扛往目的地。當一根接著一根共八根竹子出發的時候，就會聽到寺廟敲鐘的聲響。鐘聲似乎是在告訴大家，竹子將從這裡被送出。

進入奈良，在東大寺轉害門歡迎我們的是太鼓表演及紅豆湯圓。從這裡開始，竹子將通過縣廳前的主幹道，再經過東大寺南大門，接著爬上階梯運送到二月堂。這段運送竹子的行程，將交給其他大人負責，孩子們早已跑去跟到處走動的鹿玩耍（在動物學課堂上才剛學過鹿的事情）。在修二會開始、東大寺的僧侶點燃竹製火把前，大人們站立於通往二月堂的登廊兩側，做最後一次運竹的工作。

所幸今年的二月十一日是個溫暖的日子，不過今年也是時有嚴寒、雨雪紛飛的一年。在東大寺二月堂舉辦的第一千兩百五十八次、因從未間斷而被稱為「不退行法」的法事令人嘆為觀止，而這個每年都進行的「送竹」活動，也是非常難得的事。

我非常敬佩復興這個傳統活動的山城松明講社的松村先生等人，他們溫暖、穩健、又具執行力的態度令人感動。他們重視的是「透過送竹活動與各式各樣的人的點滴互動」。同時，更難得的是，讓孩子們看到大人們盡心盡力、認真投入某件事情的身影。

由此，竹子的重量，與歷史、文化的分量，一同滲入孩子們的身體中。

孩子對於自己身為地區的一員，能夠貢獻一己之力這件事，感到成就感十足。我看到以往在大人細心呵護下成長的孩子們，已開始進入關心周遭世界，並願意伸出雙手去迎接這個世界的時期。

難能可貴的是，松村先生表示「下次，還要麻煩大家了。」我衷心期盼明年的四年級孩子也能繼續參加送竹的活動。

第3章
五到八年級的華德福教育

不同年級的特徵與華德福學校的授課方式

身心均衡的五年級

這個時期的肉體與精神皆達到均衡的狀態，是輕盈、舒展的時期。

均衡發育、體態優美的五年級

從三年級開始的內在失衡時期，經過四年級到了五年級後，內在的深化與向外的擴展之間，剛好達到某種平衡的狀態。這個時期無論是肉體或精神方面，皆達到和諧的狀態，是一個不斷伸展發育的時期。這些特徵顯現在孩子的姿態上，五年級是小朋友手腳快速拉長的時期，那種輕盈舒展的姿態是六年級以後看不到的。

華德福教育的課程設計，是為了協助孩子們在成長過程中，因內在的深化導致失衡，透過對外在世界的擴展以取回平衡，如此反覆地來幫助孩子們成長。

跳脫出三年級時的孤獨感危機，五年級孩子的視野開

市集時進行的竹竿舞

植物學課

始轉向周遭世界。例如，之前無法接受和自己意見不同的朋友，現在除了自己的意見之外，也開始能夠接受別人不同的意見。此外，開始有能力表達自己意見的不同之處，並使用語言來傳達自己的內在狀態。同時，也開始能透過語言來理解更深的事物。

因此，例如在語文課會使用「好像是某人說過的」這種聽聞式的文章寫法，也會比較自己與他人的意見，進而去理解各種不同的意見，並開始練習在大家面前發表。讓孩子們傾聽每個人的不同想法，並與自己的想法比較，然後練習使用「至於我自己呢」或「可是呢」等說法。

此外，為了讓孩子在向外擴展與對內深化之間取得平衡，我們以地理的學習呼應對外在世界的擴展，以歷史的學習呼應對內在的深化。

在地理課方面，四年級的地方探究（鄉土學）從認識身邊的地區開始，到了五年級以後，學習的範圍擴及日本全國、亞洲地區與全世界。我們將每個國家的學習重點，放在該國家的風土，而在這樣的風土下人們又是過著怎樣的生活。五年級的學習內容不是有關當地生產或輸出多少東西的知識，而是那裡的風土以及人們生活的樣貌，藉由說明該國家或該地區的特色，來理解為何該地區的畜牧業會特別發達，或是為何工業會特別興盛等等。

另外，在歷史課的學習上，試著了解生活在不同時代的人們面臨了何種內在困境，又是如何開創新的時代，去理解、思考、感受不同時代的人們的生活方式，並與自己的內在產生連結。在五年級的歷史課中，特別注重透過古代歷史來了解人類意識的各種變遷。內容從希望回歸神的世界的古印度史開始，到以光與影、善與惡的爭戰來解釋世界形成的古波斯帝國，再到將人類世界視為擬仿天國世界的美索不達米亞文明，範圍甚至擴及古埃及文明。從這樣的歷史推移中，孩子們學習不同地域所產生的文化或文明的發展史。

古代奧林匹克運動會　馬拉松

兒童的成長過程就是人類歷史的翻版

史代納博士認為：「一個兒童的發展過程就是人類歷史的翻版」。也就是說，一個人的成長過程，與人類從出現到現代為止的各個歷史階段相呼應。依據這個看法，開始關心外在世界，各方面達到均衡狀態並能展現藝術性表現的五年級，就相當於希臘時代。因此，此時期的體育課，會進行古希臘的投擲標槍、鐵餅及角力等五種競技運動。到了秋天，學校也會舉行被稱為「五項全能運動」（pentathlon）的古代奧林匹克運動會。

TEACHERS' NOTES

老師的速寫

五年級的授課風景（世界史）

五年級的孩子會花四個多禮拜的時間探索古代世界。學習從古印度、波斯、美索不達米亞到埃及等不同地區的自然與人文樣貌，感受人類在該地區所發現的各種事物，進行一段歷史旅程。

在學習讚歌〈梨俱吠陀〉時，學到索羅雅斯德與阿胡拉・馬自達的對詠；講到美索不達米亞文化時，學習在黏土板上刻楔形文字或有自己名字的印章；提到古埃及文明時，就用蘆葦筆在莎草紙上書寫象形文字。在各世界文明的故事裡，各種事物相互交織，孩子們專心投入每個學習中，當一個世界結束時，孩子們還會發出「哎……」的嘆息聲。

在歷史主課程的最後，以取自古埃及的戲劇題材《奧賽西斯與伊西斯》的演出做為總結。角色的生命力體現在富韻律感的臺詞中，在只能使用少量的小道具，並將人與布視為「大道具」的設定條件下，孩子們都盡情的將隱藏在體內的演員細胞發揮到極致。

在專注排戲之間的空檔，大家一起到戶外走動並放鬆。看著他們那筆直伸展的四肢、彷彿能夠傳達生命韻律的表情，在在令我動容。

每年例行祭典中的戲劇表演

TEACHERS' NOTES

老師的速寫

五年級的授課風景（徒手幾何學）

第二學期最後的主課程上的是徒手幾何學。我在主課程工作本的封面，寫下了抽象畫家康定斯基的一句話：「圖形有其內在的聲響」。

第一天，我請孩子思考「面對沒有看過圓的人，在不使用實際物品、只用語言的情況下，要如何對他說明圓是什麼？」等大家各自發表了具個性與文學性的想法後，大家一起前往操場，實地嘗試畫出各式各樣的圓圈。

但是，說的容易，真的要畫的話……。孩子們在主課程工作本上，我則在黑板上拚命想要畫出完美的圓圈，經過好幾個白天（孩子們）與夜晚（我）不斷重複鑽研，大家經歷了各種圓的世界。在終於畫好完美圓圈的那一天，教室裡「喔——」的驚嘆聲不絕於耳。

想要畫出完美圓形的行為中，協調的意志發揮了作用。在了解圓心愈遠，曲線就變得愈平緩後，可以想像若圓心在無限遠處，曲線將變成「直線」的推移過程。藉此可了解到，某種超越物質性事物與精神性事物界線的思考作用在其中。

由直線產生水平線與垂直線，再與圓相交後產生大小不同的四角圖形。接著，再調整每個角或邊又會產生出新的圖形。如此的每天認識、描繪各種「形狀」，再用色彩仔細表現出其尖銳、鈍、平坦或傾斜的形狀。我們跟彷彿有生命的、「會動」的形狀親密的相處了三個禮拜。

如今，不知在孩子們的心靈深處，還迴響著什麼……。

徒手幾何學
在正方形中重複做出直角三角形

不同年級的特徵與華德福學校的授課方式

六年級開始學習「規則性」

孩子們開始感覺到身體的「沉重」感，有意識的傾向「規則性」思考。

開始會說「好睏」、「好累」的六年級

到了六年級之後，孩子們已經沒有五年級那種輕盈感，開始感覺到身體的重量，走起路來也有拖拖拉拉的感覺。五年級還可以輕鬆的玩抓鬼遊戲，但六年級時已經會開始喊累了。孩子的嘴裡開始掛著「好睏」、「好累」等字眼，甚至有孩子直接睡著的情況。這時剛好是青春期開始的時期，早熟的孩子已出現第二性徵，女孩子的體型也變得比較豐盈。三年級的失衡狀態來自內在的深化作用，但到了六年級，失衡的原因則是來自肉體的成長。

五年級到六年級的轉變，依據史代納博士的看法，從原本以節奏來支配身體的調和的時期，轉向更為物質性與機械性的、以骨骼為主的時期。實際上當我觀察這個時期的孩子們，會發現原本那種輕盈、舒展的姿態已消失，身體的骨架開始成形，肌肉也變得更有力。

以物理來呈現世界之美

就像三年級時的失衡帶來以客觀的角度觀察世界的可能性，六年級的孩子也有了可以依據規則性，更為客觀的觀察世界的可能性。

這個時期的孩子們，對於因果關係與物質性的東西已產生理解能力，因此可以開始物理學、礦物學與幾何學等新課程。學習這些課程，對於理解支配世界的美麗規則性是非常重要的。

例如，上物理學課時，和孩子們一起用瓦楞紙或窗簾

布將整個教室變暗，讓教室本身變成巨大的針孔相機，然後進行實驗：讓穿過小孔射入屋內的戶外風景，上下顛倒的顯影在牆壁上。

或者，在薄鐵板上均勻的撒上一層薄薄的麵粉，然後跟琴弦接觸，當撥弦發出聲響時，鐵板會因聲響產生振動，讓撒在上面的麵粉形成美麗的圖案。這是將聲音與形狀兩個完全不同的元素連結在一起的實驗。由此，再度找回小時候與世界成為一體的感覺。

此外，為了理解天空為何看起來是藍色，到了傍晚卻變成紅色的現象，我們在黑暗的房間中利用水槽與手電筒進行簡單的實驗。當孩子們經由觀察而了解背後原理時，表現出高度的興趣。

換言之，在上物理學課時，會利用身邊的物理現象作為例子。然後，透過這些物理現象，讓孩子看見世界的美。藉由重新感受世界不可思議之處，孩子們將對世界之美感到震撼與感動。

物理學　克拉尼金屬板實驗　聲音做出的圖形

而在礦物學的課堂上，學習的不是做為物質的礦物，而是學習礦物在活躍的地質活動期間的生成變化過程。例如，地球含有高溫的岩漿，岩漿因為地殼劇烈運動而冒出地面，冷卻之後變成堅硬的岩石，再經過風與水的侵蝕流向大海——孩子們學習到的礦物，是隨著時間推進，正在自然界中呼吸、作用的物質。

幾何學課

雖然幾何學是五年級才開始上的課程，但是五年級和六年級的幾何學課程內容非常不同。五年級時，即使在畫圓時，也不會使用圓規或直尺，而是徒手直接描畫，來體驗圓形本身的動態；到了六年級才開始使用圓規或直尺等工具，依循某種規則，正確且客觀的畫圓或線條。

體育課也會進行有一定規則的活動。從之前所謂的「大家一起同樂」的遊戲，變成有清楚規則，或是附帶有罰則的遊戲等。

只用黑與白描繪世界的光明與黑暗

目前為止，上藝術課時會使用三原色，畫出色彩繽紛的世界。這個時期孩子心中已經能感受光明與黑暗的對立，所以暫時不使用其他顏色，而開始用炭筆或鉛筆描繪只有黑、白兩色的圖。

六年級也開始學習新的繪畫技法：veil painting。這個被稱為「紗層畫」的畫法，不將顏料混合使用，而是在畫紙上重複塗抹色彩——先在畫紙上塗上一層薄薄的水彩顏料，乾了之後再塗另一層顏料，重複塗抹的部分的顏色會變得較濃，黃色與藍色重疊的部分會變成綠色，紅色與藍色重疊的部分會變成紫色，呈現微妙的色彩變化。不過，要完成一張畫，必須重複進行幾十次的色彩重疊步驟。

在華德福學校的水彩畫課，從一年級開始，學習將顏料重複塗在浸溼的畫紙上，以觀察顏料暈染開後的色彩變化，藉此體會色彩如何透過水的力量自然擴散。而六年級在學習「紗層畫」時，開始讓孩子一邊注意逐步成形的畫面，一邊使用色彩做出造型。同時，讓孩子們稍微客觀地使用色彩。

幾何學　綁線做的圖形

TEACHERS' NOTES

老師的速寫

六年級的授課風景(幾何學)

到了六年級，孩子開始接觸幾何學的世界。在此之前，不管是畫圓圈、曲線或直線，都是靠自己的意志力以徒手描繪，現在首度開始使用工具。孩子們好奇的看著主帶老師準備的，可以替換五種筆芯顏色（筆芯是用鋸子鋸短的色鉛筆）的圓規。孩子透過在操場上用雙腳畫出五層圓圈時的感覺，很快的抓住使用圓規的訣竅，挑戰將圓分為六等分以做出各種圖形。最後大家對於依據著「正確性」所描繪出的「美麗」圖形讚嘆不已。

教室中集中精神製圖的孩子們顯得比平時更加安靜，製圖時間結束後，我以「今日的希臘人」為題，開始介紹幾何學的發源地——希臘，及希臘哲學家的故事。例如講述幾何學之父泰利斯的旅行、他對於「萬物源於水」的看法，以及後世人們所思考的各種有關「萬物的本源」的想法……。一個接著一個的故事，孩子們一邊聽一邊笑。

「……那麼，老師，到底真正的、真正的答案是什麼？」——一個新的哲學家由此誕生，新誕生的哲學家的旅程即將開始！

課堂最後，工作本的最後一頁中，我請孩子們畫上以五角形為基本圖形的玫瑰花，以花為中心，四周再配上北原白秋的詩句。我鼓勵孩子們：「不管你用什麼顏色或畫法都可以，試著畫出屬於自己的玫瑰花吧。」

但是，還沒有畫完上課時間就結束了。我跟孩子們說再找時間繼續完成，然後像平常一樣，大家起立一起唱放學的詩歌。這天是禮拜六，週末即將來臨，之前這個時候孩子們會紛紛跑來跟我握手說「老師再見！」後就急著回家。但今天大家居然又一起坐下來，再度默默的開始畫起「玫瑰花」圖案，真是讓我大吃一驚。

不同年級的特徵與華德福學校的授課方式

深入內心、拓展世界的七年級

青春期開始，情感變得更加豐富，對地球整體的興趣增加。

想要發現世界的七年級

七年級的孩子，隨著內在的深化來到了青春期，這個時期情感變得更為豐富，也更加激烈。另一方面，對於外在世界的興趣，已不局限於身旁的事物，開始想要發現或認識遙遠的國度與整個世界。

七年級的主題就是「發現世界」。這個時期的世界史介紹的是文藝復興時期。在西方中世紀時期，人們屈從於某種威權之下，某種意義上是受到威權的保護。人們認為威權者的言說都是正確的、可信的、必須遵從的。然而不久之後，人們開始擺脫威權的束縛，想用自己的雙眼看世界，想要自己去探索世界。這個時代對應的正是七年級的時期。

航向世界，希望發現新世界的大航海時代的麥哲倫與哥倫布；與教會威權抗爭並提倡地動說的伽利略；戮力宗教改革的馬丁・路德的生涯；建構藝術新時代的文藝復興巨

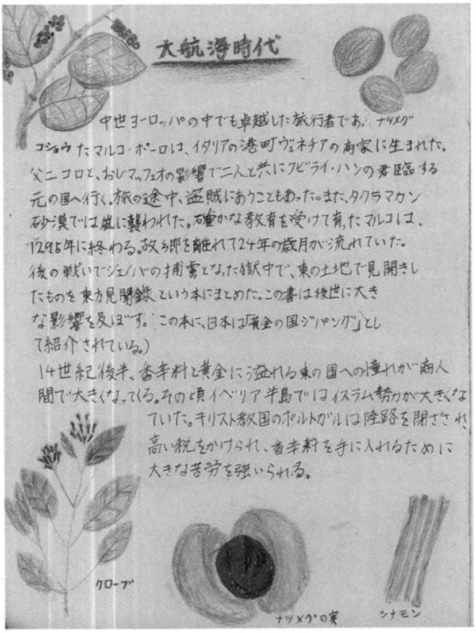

世界史　大航海時代

認識那些發現新世界、創造新時代的人們

匠們的作品與人生，這些故事與那些即將進入青春期、想要探索新世界的孩子們的內在產生共鳴。在地理課，則學習那些平常跟自己的世界較無關聯、地處遙遠地區的風土與人們的生活樣貌。

開始學習化學、人體學與營養學

在理科的學習上，六年級以觀察物理現象為主，七年級的重點則放在因某物與某物的結合，所產生的不同形態之物上，也就是所謂的「轉化」作用。某物與某物碰撞後產生的不同之物，或是某種深刻的體驗以另一種形態顯現，這種「轉化」作用在我們與世界接觸時顯得格外重要。

七年級開始加入化學課的學習。化學課也不單單只是記住化學式或各種記號，例如想要了解燃燒是怎麼一回事，會實際的燃燒各種東西，然後觀察燃燒時的樣子與之後留下來的東西。

例如，燃燒木頭時會發出強烈的光與熊熊火焰。樹木藉由吸收太陽的能量成長，因此樹木在「燃燒」的瞬間，彷彿將這股積蓄的太陽能量釋放出來。而木頭燃燒之後會留下灰燼，落在地面的灰燼含有鹼性，鹼性物質則有助於植物根部在土壤中生長。

如前述，七年級是透過了解不同事物之間的關聯，以及其轉化的過程來進行化學課的學習。

此外，在新開始的人類學與營養學課程中，學習人體內做為燃燒功能的消化與呼吸作用，並透過代謝與食物鏈的學習，實際了解人類如何與自然相互連結。上天文學時，會先學習關於以自我為中心的天動說的見解與觀察，然後漸次加入相對立場的看法，進而理解地球的自轉與公轉（地動說）。

依據史代納博士所思考的人類歷史與兒童成長的關係圖，五年級相當於希臘時代；六年級等同羅馬時代與中世紀；七年級則是對應文藝復興時期——這個時期的日本史課，學習的是室町時代與戰國時代。

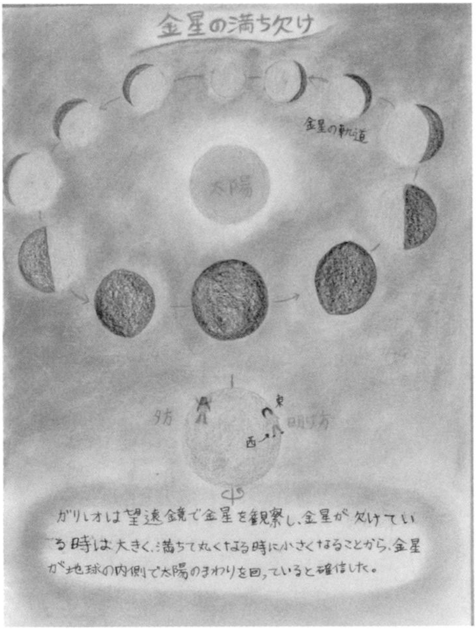

天文學　金星的盈缺

TEACHERS' NOTES

老師的速寫　七年級的授課風景（語文）

藉由狂言的表演

處於青春期的孩子們，對外在世界充滿興趣之外，同時也關注自我的內在。對於這樣的孩子，我準備讓他們學習日本傳統的古典喜劇——「狂言」，希望透過每個人不同的演出體驗，讓他們更有意識的關注自身的「存在」。

由於國定假日與學校活動的關係，練習狂言的時間實際上只有十五天。在這麼短的時間裡，要從接觸傳統藝術開始，並在理解其內容後還要站在別人的面前演出，可說是強人所難。因此當孩子們聽到這個計畫的時候，噓聲有如暴雨般襲來。確實，孩子們的心情我非常了解。只有十五天的時間能做到什麼程度？若是無法做到最好，那去做的意義又在哪裡？這也是將狂言的演出納入春季的年度計畫後，我不斷問自己的問題。

這段準備期間大家閱讀書籍、實際觀賞表演，甚至有機會直接接受真正狂言師的指導。我和孩子們一起練習發聲，一起做動作。在這之中我所看到的，不是為了追求完美演出，也不是以模仿為目標，而是如何認真、真誠的面對自己，以及如何好好詮釋作品的孩子們。我認為重要的不是排練天數的長短問題，而是如何度過每一天，以及最終如何認識自我。

上課的第一天，老師先從短篇的笑話開始暖身。在聽笑話過程中，大家一邊開懷大笑一邊認真的思考，所謂的「笑」是什麼時候開始有的？對人類而言，「笑」又代表什麼意義？

第二天開始排練短篇的狂言劇目《麻痺》，並藉以思考狂言這種藝術表演所具有的特徵是什麼。戲中有兩個固定的角色，一是主人，一是太郎冠者（僕人）。這段主僕二人之間荒謬胡鬧的你來我往，愈是認真表演愈是能夠引人發笑。相反的，演出的人若是先笑場，看戲的人反而會覺得索然無味。狂言原本就是要讓人發笑的喜劇，能夠緊緊抓住觀眾們的期待與喜好，才是製造「笑」果的訣竅。

第四天開始排練正式表演的劇目

《附子》。因為是稍長的作品，我感覺到孩子們心中的不安情緒。一開始先讓他們逐步理解戲劇的意義，並設法掌握演出的內容。如此持續進行到第六天，我們很榮幸能邀請到狂言師茂山茂老師來指導孩子們。一開始茂山老師就展現他的笑功，大家深深被他的魄力所震懾。接著，老師開始指導大家丟石頭、翻牆、剝柿子吃等狂言特有的基本動作。最後實際表演一段給大家看。

對於茂山老師的精湛演出，孩子們了解到，即使想要模仿也模仿不來。下腰滑步行走是狂言表演獨特的「型」，孩子雖然理解其產生的背景與重要性，但要如何兼顧自丹田深處發出聲音，是每個人一開始要面對的挑戰與課題。

像是「嘩啦啦……啪噠」打破東西的聲音，或是「嗚——嗚——哇——」大哭的場面等等，對於這個時期特別容易害臊的孩子而言，表演考驗的是，他們要有意識的運用意志力去面對自己的極限。

排練持續進行，到了第十一天我們召集了希望擔任配角的人，第十二天大家用和紙製作自己穿的肩衣（戲服）。分配角色方面大致符合每個人的期待，接著大家拚命持續排練，總算來到了最後的階段。然而，這裡才是問題的開始。雖然已是預料中的事，「害羞」、「難為情」還是成為最大的障礙，阻礙了最後階段的完成。第十五天（最後一天）在「全劇」彩排結束之後，我感到非常不樂觀。

表演發表安排在最後練習日後的第九天。這個期間，孩子們各自認真面對自己的問題。然後，在正式演出前一天，我發現穿上戲服站在舞臺上排練的孩子們的表情，變得跟之前完全不一樣了。這時我很確定知道「沒問題了」。

表演的當天來了許多小朋友以及家長，整個表演廳變得非常熱鬧。我原本很擔心古典的臺詞或許很難被理解，結果完全不用擔心。因為表演才開始不久，臺下的小朋友們便開始無邪的笑起來，表演者也愈演愈起勁。整個表演廳充滿歡笑聲，觀看者與表演者雙方共同擁有了一段相當溫馨的時光。

我相信這段狂言表演的經驗，將會留在孩子們的記憶中。當然其中仍留有未盡完善的地方，即使如此，我確信在每一個孩子的心中，面對明年的畢業表演已跨出了一大步。畢業表演的準備已迫在眉睫了。

狂言的發表會

TEACHERS' NOTES

老師的速寫

七年級的授課風景(地理)

連假結束後，開始上世界地理——「亞洲」的主課程。首先從地理位置最近、又有歷史關聯的韓國（大韓民國）開始說起。話說從前，日本首都還設在奈良縣飛鳥的時代，在學校附近住了許多「渡來人」（編註：舊時日本對朝鮮、中國等亞洲大陸海外移民的稱呼）的地區，現在還能看到當時留下來的地名或是石碑。在經過約一小時的古蹟巡禮之後，我想孩子們都能實際感受到朝鮮半島與我們既古老又深遠的關係。孩子們不但重新認識到學校所處位置的優點，上課內容也從歷史的連結推展到地形、氣候及人們的日常生活。當談到現今朝鮮半島的局勢時，話題很快的延伸到鄰近的中國，內容甚至擴及到絲路。

在這次的主課程中，我將重點放在東方土地與西方土地之間的連結上。對於現代人而言，西方就像是搭飛機便可抵達的「天空另一端的諸國」，因此藉由中世紀的旅人馬可波羅的故事及他的絲路之旅，去認識那些彷彿用來填補東方與西方之間空白的亞洲諸國。

在製作亞洲的黏土模型過程中，那些一開始只知道喜馬拉雅山的孩子們，到了主課程的後半段，好像對於馬可波羅走過的高原、沙漠、草原與大河留下了印象。孩子們發現自己一開始所製作的黏土形狀，與實際的對象有所出入，於是依照各自的理解逐漸修正完成。

地理課之後是天文學。孩子們的世界觀不斷擴展中，同時，身高也不斷的拉長。沒多久他們的身高就會超過我了。這些孩子應該正值青春期的重要階段吧！每一天都充滿令人開心的事情。

不同年級的特徵與華德福學校的授課方式

八年級，做為一到七年級的總結

讓目前為止的學習，有助於人與其周遭環境之連結。

學習氣象學，是為了整合七年來的學習內容

八年級是將一到七年級為止的學習，與九年級之後的高中部做一連結的時期。這個時期是將七年來所學習到的內容做總整理，也是與主帶老師相處的最後一年。整個學年的課程重點，在於如何將人與其周圍的世界進行有機的連結。

例如，氣象學做為一種綜合型的學習科目，目的是將目前為止學習到的內容的所有要素予以整合。上課中，將在物理課或化學課學到的東西，加上在地理課或歷史課學到的各種內容，彼此相互交織連結，藉以理解地球為什麼會產生這種氣候，又為什麼這裡會形成目前的這種風土樣貌等等，像這樣從地球整體的關係中去了解各地區的情況，進而形塑出地球的整體樣貌。在歷史的學習方面，也

地球學　大陸移動說

是一直以這種方式進入現代史。

這個時期的另一個學習重點，就是進行「做為綜合藝術的戲劇演出」。在華德福學校中不時會有小規模的戲劇表演，但到了八年級，孩子則必須製作大型的畢業表演。一齣戲劇裡有文學、有音樂、有美術，也有做為手工學習集大成的戲服製作等部分。全班花許多的時間投入這個融合各種元素、做為綜合藝術的戲劇表演中，孩子們在經驗各種互動與衝撞之下，共同完成一件作品。

老師有如一道立於孩子面前的「牆」

然而，到了七年級左右，孩子們開始希望以知性去理解真實的世界。而且，他們也逐漸有「不需要老師，想要自己去認識世界，想說出自己的想法」的欲望。開始希望自己的邏輯被接受，也不會因為是老師說的就全盤接受。由於對老師的批判變多了，孩子與老師之間的對話也逐漸增加。但是，在華德福學校，到八年級為止，孩子最後還是必須聽從老師的話。老師從頭到尾一直是以「權威者」的角色站在孩子面前，我覺得是有其必要性的。

確實，孩子們愈來愈認為自己「已經不需要老師了，完全可以自立了」，這個時期的孩子們雖然會彼此交談，但僅止於表達各自的想法。當自己想這樣做，但是別人又想那樣做時，他們並不具有整合不同意見以助於整體的觀念。雖然從五年級開始已經可以聽取別人的觀點，但這個不同的觀點要在對話中真正發揮作用，還必須等上一段時間。因此，歸納出整體的意見，並做出最終判斷的人是必須存在的，而那正是主帶老師的工作。

老師的這種態度，雖然可能會讓孩子們覺得很「煩人」，但是站在這個時期的孩子面前的老師，有必要成為讓孩子們衝撞的一道「牆」。

八年級的學習在與做為「牆」的老師的不斷衝撞中，充分培育出自我獨立的能力後，孩子們終於要和相處了八年的老師告別，開始進入「靠自己去探索世界」的九年級。

上課風景　從與老師對話中學習的孩子們

TEACHERS' NOTES

老師的速寫

八年級的授課風景

八年級畢業生的回顧

二〇一一年八年級的畢業班，是我從三年級開始擔任主帶老師、帶了六年的班級。和這些精力充沛的孩子們相處的日子，可說是驚濤駭浪、驚奇不斷。孩子們有時在關鍵轉折點上遲疑不前，有時又不受控制的向前暴衝。引領這些孩子健康成長的工作，可說有樂也有苦。對於原本就慵懶的我而言，要每天持續努力而不怠惰，真的是新的挑戰。在這六年中，最後的畢業表演可說是最高潮的時光，對我自己也是最大的挑戰，更讓我學習到很多。當然，在這之前所上的每一堂課，也都是注滿熱情的重要時光，留下許多美好的回憶。那些與孩子們一起感動、一起探索真理的日子，如今成為我非常珍惜的時光。

【三年級】「老師，要是牆壁長出稻米就太棒了！」

在借來的休耕田上用汗水辛苦開墾而種出稻米，成為大家以勞力換取的深刻印記。除了身體的勞動體驗，我與孩子們都滿心期待能夠種出「注入了自己力量的稻米」。我們每周一次去田裡巡視，晴天時小跑步，梅雨季時則撐傘前往，帶著期待與不安的心情守護稻米的成長。收割後的稻草也用來做為砌土牆時的材料。參雜入牆壁中的稻稈裡夾雜著些許米粒，大家興奮的想著，或許到了春天就會發出新芽呢！（聽說偶爾會有這種事發生）。這一年，身為新手老師的我，與小朋友一起學習如何透過自己的雙手，創造出新事物。

【四年級】「下一個介紹什麼動物？」、「我想聽〇〇的故事！」

一開始，面對那些調皮搗蛋的孩子們，我大多說些可以讓他們反觀自己的故事，但是當開始上動物學的時候，即使在休息時間，孩子們也會繼續談論上課的內容。說到老鼠，他們一整天就扮成老鼠；談到企鵝，大家就開始流行學企鵝走路。學到烏賊的時候，孩子就會把在家裡吃烏賊後留下來的烏賊嘴巴帶來學校，下課時間也會拚命討論有關烏賊的事情。而談到牛的時候，孩子們就想聽我以前養牛時候的生活，並問一大堆問題。我期待孩子們能夠廣泛討論某個題材，提高對外在世界的興趣，並想要知道世界的各種事情。藉由「學習」這個養分，我發現他們的世界變得更為明朗與開闊，是令我感觸良多的一年。

【五年級】「計算好好玩！」、「再來、繼續！」

我覺得沒有比「爽朗」這個詞更適合拿來形容這一年了！雖是簡單的運算練習或是漢字練習，孩子們都能愉快的完成，對於不太熟悉的事物也能輕鬆克服。此外，孩子們都能以各自的實力去追求他們心中各自的理想，所完成的作品也具備了正確性與美感。例如，形線畫是在造型與平衡感上都非常要求且需要耐心、極為複雜的作品，每個孩子都能非常有毅力的完成。也有孩子付出相當多的努力才有能力完成。有些孩子因為無法依照自己的意思完成形線畫而氣餒放棄；有些孩子是一邊流著眼淚一邊咬著牙練習下去。然而，充滿熱情的學習，最終換來的是甜美的成果！我永遠忘不了他們充滿自信的模樣。這一年，在各種學習中，我也學到了：對孩子們來說，靠自己的努力去實現心中的理想所獲得的滿足感，是多麼重要的事情。

【六年級】「原來如此！」

這一年，某些班級會突然陷入青春期的低氣壓，可是我的班級這一年仍是充滿開朗的情緒。在地理的主課程中，面對「尼羅河的中游與下游地區降水量不多，為什麼每年都會發生一次河水氾濫？」這個問題，大家一起拚命的從黑板上的彩繪地圖中，或是從目前為止的各種討論中尋找答案。在安靜了一段時間後，有個男生突然「啊！」的叫出來，這時所有人的視線都望向他，「因為在河的上游有一座非常非常高的山，春天雪溶化之後就會往下流呀！」大家紛紛發出「喔——！」、「好厲害！」、「原來如此！」等讚嘆聲，接著有人問：「那麼那些水流到下游要花幾天呢？」「尼羅河有幾公里長？」大家一邊計算一邊發出「喔——喔！」聲。孩子們已開始了解事物的因果關係，主課程中的問答方式也有了某種變化。我很享受孩子們在上課中進行你問我答時的趣味性。在這奇妙的一年中，每當一個主課程結束時，我就感覺到孩子們似乎又長大了一些。

【七年級】「昏倒！」、「哇哈哈！」

在某次化學主課程的實驗課時，我犯了一個超級大錯誤。「危險！」在那恐怖的一瞬間，我做出拚死逃命的蠢樣。雖然我快速的避開了危險，但我顯得非常慌張，接著，孩子們爆出狂笑，暴風雨般的狂笑！「哇哈哈哈！」、「這個實驗一生都忘不了！」、「老師超好笑的！」爆笑持續了十分鐘以上，之後的一整天大家都過得很快樂。「多虧老師讓我變得有興趣了。」孩子們打趣的說。這些剛進入青春期，經常被沉重的身體及搖擺的心情所左右的孩子們，歡笑與驚奇會讓他們放鬆心情，並讓整個班級活潑起來。

此外，這個時候當他們有了目標、開始行動時，不管做什麼都會非常的賣力。從今年的義賣會要製作一千支蠟燭的目標，可以看出他們的執行力。孩子們對於成品的檢查非常嚴格，實際上製作了超過一千支蠟燭。他們執行計畫的能力以及所具有的潛力，令我讚賞。

但是，到了七年級的後半階段，孩子們的情緒開始變得不穩定。有些孩子看到我，甚至會出現厭煩的表情；有些孩子在家裡會只說我的壞話（雖然如此，還是非常感謝那些包容我的家長們！）那些每天一早走進教室，就一定有某個孩子跑來迎接我的日子，完全已經是過去式了。

【八年級】「剛剛上完最後一堂的主課程？」

第一學期的前三個月真的非常辛苦。這段時間，來自每一個孩子的批判態度，或是受心情左右的言行等，足以支配整個班級的氣氛。為了不被他們的情緒波動所吞噬，身為主帶老師必須持續保持開朗與耐心。但是，當壓力大的時候，聽到孩子們辛辣的言語，我還是不禁會反應過度而把氣氛搞得很尷尬。或許面對他們的不耐煩，我只要稍微以幽默的方式回應就沒事了，但有時還是會陷入膠著的狀態，搞得雙方都很累。我對於「只剩下一年」的焦慮、沉重的工作量，加上對於未來（畢業旅行、義賣會、畢業演出等）的不安所帶來的壓力等因素，造成了各種溝通困難的發生。要如何解開這糾結的繩索，我也會有感到束手無策的時候。然而，對孩子們以及對我而言，上課——特別是主課程——成為我們的救星。大家一起思考一件事、一起學習的時間相當快樂，每次有新的發現時，大家都會一起感動、一起歡笑。有時大家心中甚至會有一種暢快的感覺。

今年的畢業旅行與小計劃，成為班級進入下一個階段的重要活動；畢業表演也確實是全年的高潮，可說是最棒的學習與最幸福的瞬間；至於最後一次的主課程就更精彩了。所謂的

八年級　畢業表演　演出結束的合影

「主課程」（main lesson）就是每天「主要的」（main）學習時間，我認為這是目前為止我跟孩子們關係最緊密的時間。主課程的結束，代表他們也將從我這裡畢業了。我以特別的心情迎接那個時刻的到來，也特別仔細觀察他們上課的樣子。但是，那一天並沒有想像中那麼特別。跟往常一樣，課堂上看到的仍舊是認真思考、熱烈討論的孩子們，時光如往日般流逝。而明明在講課中的我，不知為什麼，心中的某個角落卻在回顧一路走來的歷程：「啊，我們就是這樣度過每一天的」，或是努力將孩子們的臉與教室的樣子銘記在心中。此外，我很喜歡這個完全不特別的最後的主課程。當終於來到下課時間，我向大家宣布「各位，八年來的主課程到今天為止」時，孩子們突然回應「什麼！」「不會吧！」——不知道是不是因為太專心上課，還是都在發呆，大家似乎忘了今天是最後一堂課。教室突然騷動起來，孩子們紛紛反應：「課都結束了！」、「早知道就更認真點！」、「理惠老師！」這時，也有特別跑來鞠躬跟我說「謝謝」的孩子（離畢業還有一個月呢）。緊接著在數學課，大家好像還是議論紛紛：「你知道今天是最後一堂主課程嗎？」聽說也有眼眶已經泛紅的孩子（那個時間我也躲在教師辦公室流淚）。這個過於「普通」的最後一堂主課程，以及結束後大家的「驚嚇」反應，真的是一段非常特別的回憶。

【踏上旅途】

高中部入學式的早上，奇怪的是我明明在學校，班上的孩子卻不在我身邊，這讓我覺得有些不安，每天早上跑來握手問候的孩子不會再出現了。當我看見孩子們與新的主帶老師一同站在舞臺上發表他們的抱負時，我明白的感受到他們確實已從我這裡畢業了。站上新的舞臺，那個我所不知道的全新世界開展在他們面前。

如今見到孩子們，不知為什麼會有一種害羞或尷尬的感覺。從我的身邊離開，又長大了一些的孩子們，此時看起來更加可愛與耀眼。

我衷心希望他們的前途充滿光明，我也相信他們將會昂首闊步、邁向未來。

八年級　畢業典禮

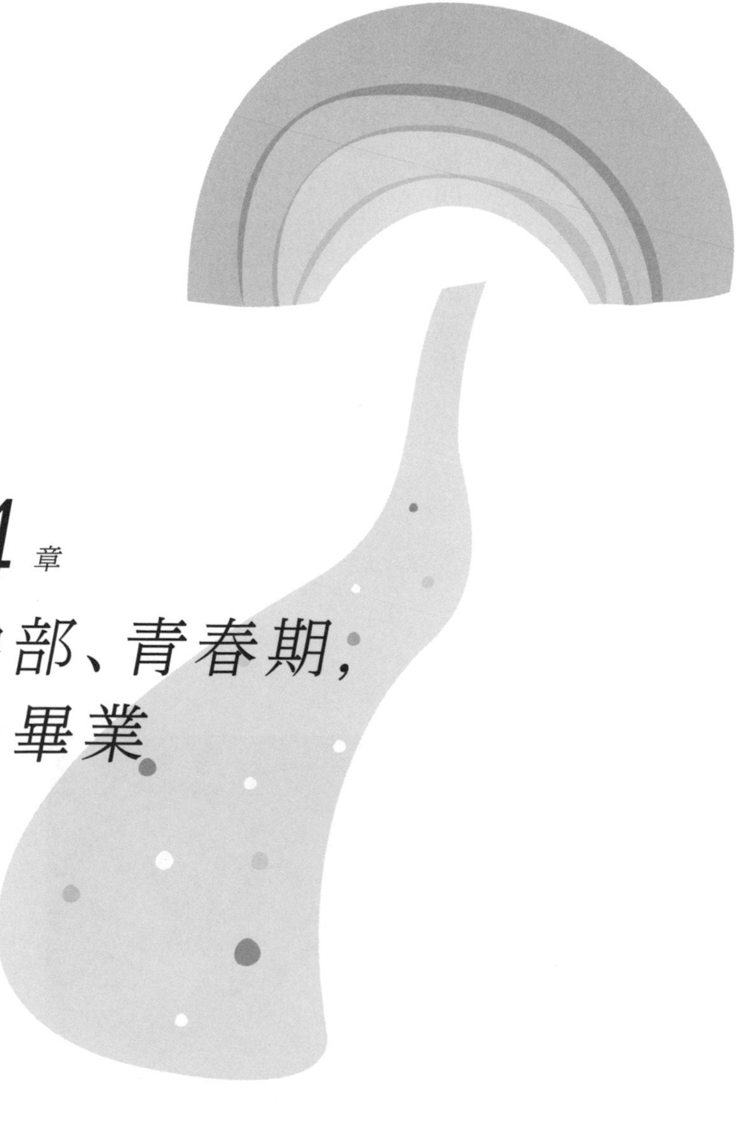

第4章
高中部、青春期，以及畢業

高中部的課程

不同年級的特徵與華德福學校的授課方式

邁向新舞台

進入高中部的孩子，將要告別時時受到主帶老師守護、引導的日子，開始練習自我獨立。從現在開始必須和比自己稍長的學長們，以及一同學習至今的同學們一起合作，自己思考並決定如何行動。不管是學習或是活動，不再是被動的接受，而是自動自發的投入並獲取成果。

高中部四年間的成長

在高中部的四年間，孩子們的內在每年持續在改變、擴展與深化。他們已能從日常生活中，去認識先前不曾意識到的自我的「情感」，並能客觀的予以掌握。這時他們開始學習如何將自己的「思考」條理化，並能夠在不受個人情感因素的影響下進行思考活動。為了有助於孩子們的內在成長，每個學科的學習目的都在擴大孩子們對於社會與世界的視野，並學習人類高度發展的技術與藝術成就。以這種學習為基礎，養成孩子追求世界上普遍性之物與真理的態度，將有助於提升他們擘劃人類未來社會發展的能力。另外，應培養孩子們主動探索事物的意志力，以及能

射影幾何學　作圖

自發性活動　合唱團「GLEE同好會」

將習得的知識與學問內化後，培養能夠發展新事物的創造性與彈性。

另一方面，要讓孩子主動去面對自己內在的各種疑問。在各種困境中，持續探索自身與未來的方向，並邁向畢業之路。

有助成長的學習

高中部配合孩子們的成長，學習型態主要分成課堂授課與實習計畫兩種。在課程規劃方面，除知識的學習外，另外增設語言學、藝術科目、體育、優律思美、甚至有以習得真正技術為目的的工藝課（實踐性・藝術性科目）等課程。另外在特別課程中，也非常重視傳統文化的學習體驗，或安排與某個領域的專家直接面對面學習。

九到十年級的時期

不同年級的特徵與華德福學校的授課方式

開拓世界的視野、開始關心社會的九年級

在活動範圍與人際關係都大幅拓展的九年級，這一年孩子們展現對社會的關心，並逐漸擴展自己的視野。正值青春期的孩子，雖然對於自己周遭世界與社會容易抱持懷疑或反抗的情緒，但這也顯示出他們較之前更加關心這個世界與社會。

「兩極」成為各學科學習時的共同關鍵字。例如，在學習近代史時，除了瞭解引發戰爭的背景，同時也學習相對立的各種主張，藉此更深度的理解歷史。在食物與農業的授課中，讓孩子認識現代社會面臨的各種糧食與農業問題，並將討論範圍從自身環境擴大到世界各地的食材與環境等問題。在這些學習之後所進行的農場實習中，孩子實際認識勇於挑戰農業未來的人們，也是孩子們首次能與大人們一起工作並測試自己能力的機會。而在其後的職業體驗中，讓孩子透過訪問在社會工作的人們，去了解工作與社會的實際情況，同時練習如何與社會人士對話。另一方面，在這個身體受到重力支配的時期，適合學習人體中最屬於物質性的骨骼的形態與機能，以及力學的原理等。

從兩極中逐漸顯現中庸的十年級

到了十年級，進入帶有凝重與陰暗氣息的時期。這種凝重與陰暗的氣息主要起因於孩子的心中開始產生「我是誰？」或「未來要過什麼樣的生活？」等各種疑問。愈能深入檢視內在的疑問，看待事物的觀點就愈能多元化。

這個時期的課程著重於幫助理解自我所處的位置與根源，像是使用器材進行精密測量作業，以及利用三角比製

作地圖的測量實習課，或是探討人類起源、家族系譜與探尋人類為何物的人類學等課程。

在文學課中，讓孩子們重新認識自己使用的母語，並思考什麼是日本的「心」與精神性。同時在與異國文化進行交流體驗時，積極與亞洲各國的人們進行對話與溝通。接觸並去理解異國文化，有利於刺激對於不同民族的思考。

另外，全班也會參與「悲劇」的表演，透過對出場角色的情感與自我內在的深究，深化對於人類情感的理解。同時有助於自己以客觀的角度，檢視自青春期以來變得更為複雜的情感。

透過這些學習與活動，孩子們在相對的立場與想法之間找到自己的位置，開始慢慢形成自我的「核心價值」。

伴隨著這種變化，我們在生物課中以生命力為主題，探討在人體內流動的物質，學習在瞬息萬變的外在環境下，維持生命的各種機制是如何運作的。而在美術課中，只能使用黑白兩色的時期告一段落，再度開始使用各種色彩創作。

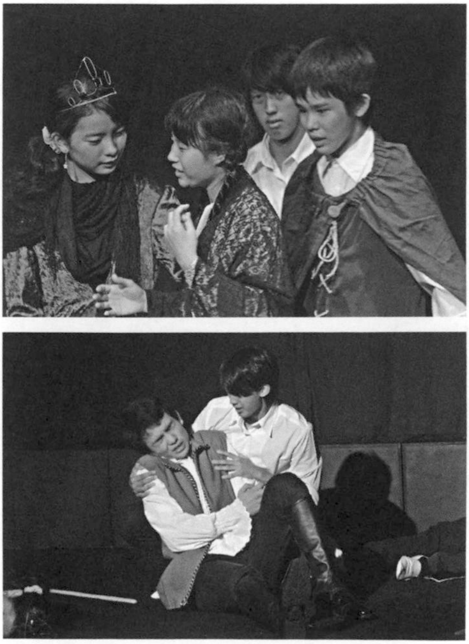

十年級　悲劇的演出

不同年級的特徵與華德福學校的授課方式

九年級　食物與農業

思考食物與生命的關係，將視野從周遭環境擴展到全世界

從關注自己周遭環境開始

在九年級秋天的「食物與農業」主課程中，編入為期一週的農業實習，深受孩子們的喜愛。

上課的第一天，當我們的目光望向超市中整齊排列的牛奶時，突然注意到每個商品在乳脂肪率與殺菌方法的標示上各不相同。在驚訝這些差異而去尋求答案的過程中，牛奶的現況及生產相關的問題一一浮現。而這些問題，又與社會的各種層面相互有關聯。例如身處社會經濟活動的結構中，想要堅持自己的信念來生產優質的牛奶是何等困難的事，因此，對於堅持生產好東西的生產者而言，消費者的支持就非常重要。我們也去了解目前食品產業界的常識，以及那些在現場工作的人們的狀況。食品產業的現狀、世界的糧食問題、日本的農業政策，以及食物鏈中化學物質的生物濃縮與環境問題等都有關聯。

如前述，孩子們藉由重新看待自身周遭的「食物」問題，逐漸將視野擴大到農業、通路、食品產業、地方社會、日本的政策，以及世界的現況等範疇。

「吃」這件事的根本意義

另一方面，當我們以「領受生命」這種觀點來看待食物時，必須謹守一種面對食物的態度——我們必須去思考，「吃東西」這件事的根本意義是什麼。

「吃東西才能活著」、「要吃什麼東西就是想要怎麼

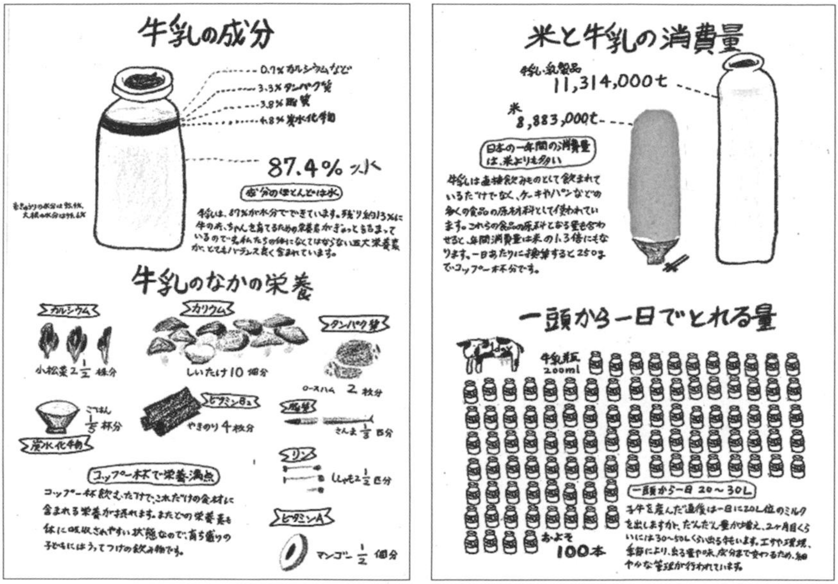

孩子製作的工作本　有關生活周遭的牛奶調查

活的一種思想表明」在主課程結束後，孩子們都能實際體會以上這些句子的真正涵義。期待這些學習能給予那些從未在意自己生活的孩子們一些啟發，有意識的度過每一天的生活。

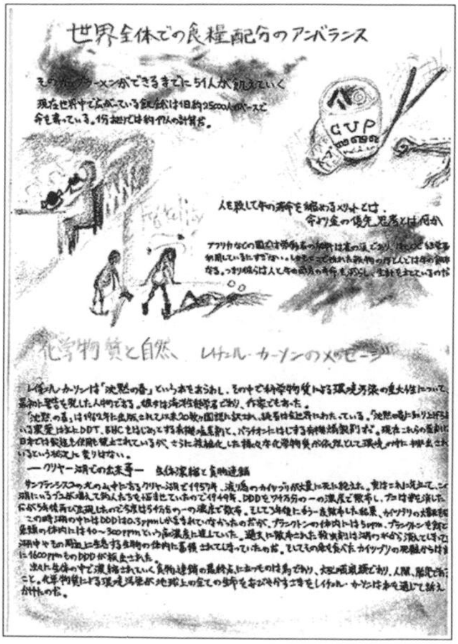

糧食相關問題

TEACHERS' NOTES

老師的速寫　九年級　在體驗農場的「農業實習」

充滿活力的體驗型農場

「食物與農業」的主課程結束之後，九年級的班級將進入「農場實習」的階段。實習地點是位於三重線伊賀市的某座體驗農場，這座農場勇於探索未來的農業型態，對孩子而言這個實習是非常難得的經驗。

二十年前，伊賀地區面臨淘汰危機的養豬業者開始嘗試經營體驗農場，他們堅持以身土不二、產地直銷的精神來生產食品；加強農業與消費者的連結；並探索新型農業的可能性，直至目前仍持續推動各種新的發展。愈來愈多年輕人陸續來到此處，使這裡成為一個充滿活力與能量的場所。當我們思考身邊有關糧食的問題時，很容易有「那現在到底應該吃什麼才好呢？」的沮喪想法。對此疑問，我的直覺是，每一個人在這裡可以體驗到該如何透過思考與行動去改變未來。我希望孩子們能體認到，當我們碰到困難無法前進時，採取樂觀進取的態度是很有幫助的。

發現工作、與人相識

孩子們在體驗農場中，可以從蔬菜園、果樹園、香菇房、牧場、蔬果市場、餐廳、食材販售店、觀光牧場、甜點工房等不同工作場所中任選兩種工作，各進行三天的實習。一開始孩子與老師都有點擔心「一天工作八小時會不會太累了？」還好後來大家都覺得「工作好快樂！」、「這裡的工作人員好有趣！」等等，時間就在專注工作中度

乳牛農場

過，轉眼就來到最後一天。每年孩子們總是在「不想離開這裡」的心情下踏上歸途。

看到孩子們受到不同職業的工作人員所吸引，紛紛展現「好想在這種地方工作」的態度，讓我為他們能有這段珍貴的體驗感到高興。

在回到學校後的回顧分享中，孩子們針對「工作」的嚴格要求、「職場」環境的重要性、「自己的適性工作」等，以及一級產業、二級產業、三級產業等工作的不同要求與課題，發表了各自的觀察。

另一方面，農場的人也轉達了諸如「真是一群老實乖巧的孩子們」、「他們對每件事表現出耐心與細心的態度令我感動」、「發現有個孩子對工作馬上就上手」等感想。此外，為了加強彼此的交流，我們也邀請體驗農場的工作人員來學校參觀，或是舉辦農業相關的演講活動等。

農田工作

在與工作人員的交流會中，孩子們獻唱歌曲

不同年級的特徵與華德福學校的授課方式

十年級　測量

從三角函數到測量 ——將知識活用於實際場所

來到思考能力逐漸增強的十年級，應設法透過各種學科的學習來培養思考能力。在測量主課程中，除了實際體驗如何將數學主課程學到的三角比應用於生活之中，同時也體驗如何透過思考掌握周遭的世界。

課堂上孩子們學習水平儀、經緯儀等測量儀器的操作方法，以及利用這些儀器進行水平測量、三角測量、平板測量等。另外也學習使用函數計算機進行數據的計算，以及依據測量數據製作地圖等。

以「誤差」的數值來檢驗工作的正確性

在進行這類測量作業時，特別要注意的是「誤差」的產生。例如在進行水平測量時會記錄特定兩點的高低差，這時，不能只取單向，需要來回反覆測出高低差的數據，就能找出自己測量的誤差所在。另外，以經緯儀測量三角形的三個內角角度時，可以找出實測值與理論上內角和一百八十度的誤差值。如此一來，孩子們可以透過「誤差值」來確認工作的正確度。

雖然與測量的次數和距離有關，當水平測量的往返高低差在毫米單位範圍內，或是三角測量的誤差在「秒」單位內，會被視為一個難得的結果（學校的經緯儀可以測至一度的六十分之一〔一分〕，進而至三分之一〔二十秒〕），這時孩子們會有一種成就感，並顯現出驕傲的

大家一起抓水平

表情。但是當誤差來到「公分」或是「度」的單位時，在計算結果一出現、老師還沒發現前，他們已有自知之明：「也就是說……這樣的測法是有問題的吧（實際以關西腔說話）。」大部分的情況是，他們會馬上出發「再去量一次！」

透過客觀的檢驗，了解行動的後果

在結合幾個組別所得的數據製作地圖時，可能會發生在地圖上應該一致的數據，卻彼此有出入的情況。解決方法是將彼此的數據重新比對、檢討後進行修正。若偏差值較小，只須將彼此的數據平均即可；當每個數值偏差皆過大時，就必須檢討哪個才是比較可靠的數據。這時，「如何避免情緒化，僅就事實重複檢驗」的態度，正好是十年級的孩子必須學習的課題。此外，就像測量時一樣，以行動的結果來檢驗自己的行為，對孩子而言是相當難得的經驗。將教學與實習予以統整、組織，讓孩子們直接從現實世界中學習，雖然不容易卻是重要的工作。

用經緯儀測量角度

用水平儀測量高低差

TEACHERS' NOTES

老師的速寫　十年級　異國文化體驗計畫

從開始計劃到實現的階段

K先生是立命館亞洲太平洋大學（以下稱APU）的職員，他於二〇一〇年秋天造訪京田邊華德福學校。因為有好幾次他發現某些「有趣的學生」都是京田邊華德福學校的畢業生，因此開始對華德福學校與教育產生興趣。

K先生跟我聊了諸如華德福教育及之後進入APU就讀的孩子們等話題，最後他拋出一個提案：「在APU匯集了來自世界各國的人們，學校若是對國際交流有興趣的話，我很樂意促成。」K先生的這段話，啟動了APU異國文化體驗計畫。對於十年級的孩子而言，這絕對是「打開國際視野的難得機會」。

在與APU進行各種意見交換後，逐漸確立了研習的方式。

鼓起勇氣交談

計畫整體的樣貌

研習是利用秋天假期中的兩天來進行，來回移動方式是搭過夜渡輪，可說是非常辛苦的行程，但孩子們都滿懷期待的接受這個挑戰。看到孩子們認真傾聽各國學生談話的樣子，以及其間突然綻放的笑容，讓我也有一種舒暢的感覺。

首次進行街頭訪問時，剛開始孩子們非常害羞，但逐漸變得大膽後，會主動上前用英語愉快的交談。

在發表會上，來自中國、吐瓦魯、德國、越南、孟加拉等不同國家的學生們，用英語介紹自己的國家。例如吐瓦魯的學生就語重心長的表示：「目前，因地球暖化的影響，我們的國家正面臨沉入海裡的危機。」在分組的討論會中，大家都非常認真的傾聽別人的發言，熱情的以英語進行交談。最後，各組每個人輪流用英語分享自己所理解到的內容。來自孟加拉的學生談到他們許多有趣的體驗，像「在日本第一次上廁所時，被會發熱的馬桶座嚇了一大跳」或是「馬桶旁的按鈕太多，我只好一個接一個的按按看」等趣事，因而獲得「特別獎」。

孩子們的意見

藉著發表會，引發了孩子們的許多想法。

像是「很高興有機會接觸這麼多不同國家的人。有些人乍看之下有點可怕，其實很喜歡開玩笑，告訴我許多有趣的事」、「來自不同國家的人的說話方式、音量、吃的東西、吃法、走路的速度等等都不同。雖然有這麼多不同之處，但大家卻能像這樣生活在一起，真是難得」、「與國際學生們的交流，提高了學習英語的動機，是非常好的經驗。有時雖然會因為英語講得不好而感到氣餒，但也深刻體認到英語是一種傳達意志的重要工具」等等。

研習結束後，當孩子們返回學校，將會「重新」面對自己「每天的學習」。

用五分鐘發表學習到的內容

主動出擊的隨機訪談

以自己為主題發問

工藝課（實踐性・藝術性科目）

高中部各學科的學習目的，在於對世界、現代及普遍性的真理有更寬廣的認識；另一方面，透過各種實習增加校外活動的多樣性，同時增加與社會的接觸。此外，在課程設計中也加入實踐性・藝術性科目的學習，讓孩子們接觸更專業的技術與傳統文化，並有機會與在這些領域中活動的老師們（職人）接觸。這樣的活動安排將能拓展孩子們的世界。

九年級

●園藝

在京都府井手町的綠色農園，體驗照顧果樹。

葡萄的收成

●木工

習慣「刨刀」的基本用法，製作桌板面積大且平滑的桌子（家具）。

桌子製作

●**陶藝**

從練土的步驟開始，學習用手塑形、挖洞、做黏土條、手動轆轤的使用方法等基礎技術。課程後半段是自由創作——製作自己設計的茶杯、咖啡杯或是碗等日常用品。

●**雕塑**

從不同的角度觀察古埃及、希臘、羅馬立體人像的照片，再用黏土來塑形。這些製作體驗與十年級的美術史課程相連貫。

小碟子

器皿

咖啡杯

從蛋形改變其他造型的練習

●**打鐵**

在京都府山城的鍛冶師義定刃物的店裡，製作自己設計的刀子。

裁切、打磨，製作刀子

熱鐵的狀態下進行敲擊

十年級

●**藝術**

藉由碳筆、水彩、油畫來表現自我內在的感覺。此外，也進行混色的練習，體驗從中產生的各種變化。

水彩（上）

炭筆畫（下）

●手工

利用平織法學習編織的基本方法，挑戰「千鳥格紋」或「網代（斜紋）織」等的「圖案編織」與「綴織」織法。在平實的單純作業中，平靜的面對自己。

編織圍巾

●金工（銅）

從一片平坦的銅板一點一點敲打出形狀，製作銅盤。

老師幫忙檢查歪斜程度

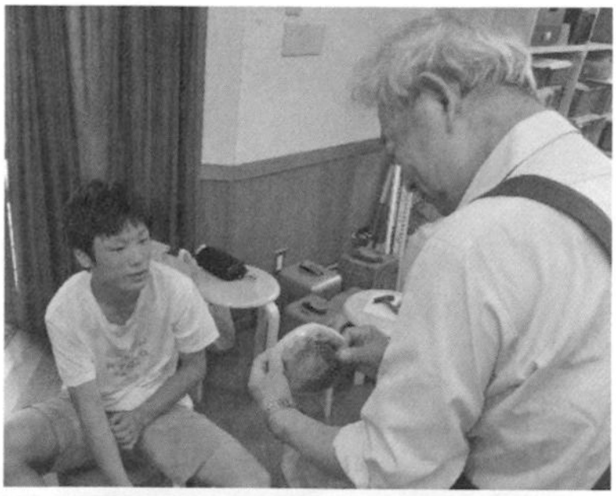

以圓規定出盤底的大小

用榔頭慢慢敲打

十一年級

●金工（銀）

用銀箔仔細的敲打出自己設計的項鍊墜子。

項鍊墜子作品

將銀箔切割出形狀

●藝術

從黑白影印的繪畫作品中挑選一件，再以碳筆臨摹。接著，以油畫顏料將自己臨摹時所感受到的主觀元素，轉化為色彩。此外，也嘗試將形體簡化或予以變形的抽象表現。

用炭筆描摹黑白影印的作品（上）
油畫　使用色彩（下）

●木工

挑戰製作木箱，藉此學習「燕尾榫直角接合」及「直角多榫接合」兩種基本木頭接合的方法。因為這是精確要求至毫米單位的工作，因此製作之前必須先完成設計到製圖的作業。

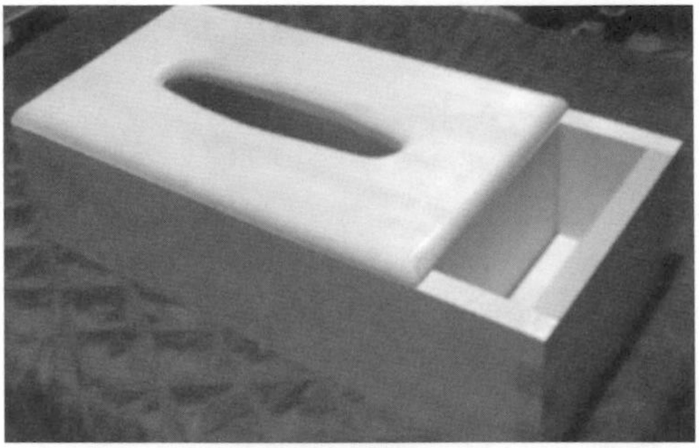

衛生紙盒

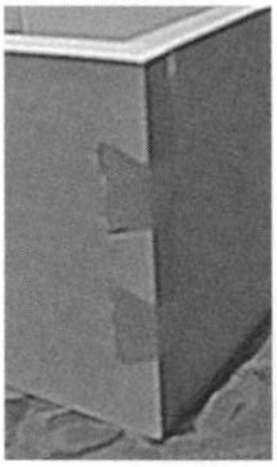

燕尾榫直角接合

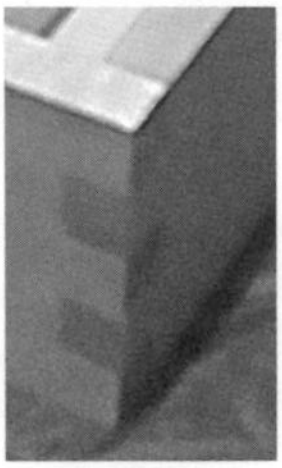

直角多榫接合

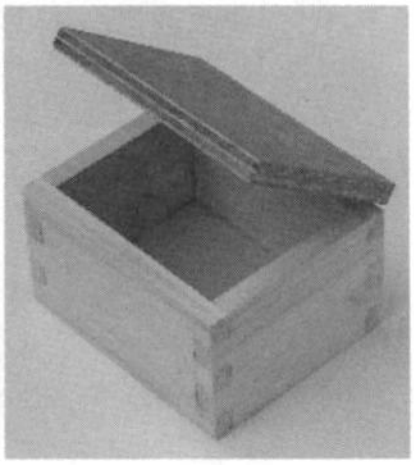

木箱

十二年級

●裝裱

在學習日本傳統文化中的和紙裝裱技術之際，同時學習日本線裝書等實際的製書技術。這個工作需要先建立一完整的整體工作計畫，並讓誤差值維持在毫米單位內。

最後，孩子們會進行畢業紀念冊或畢業作品的書本製作。

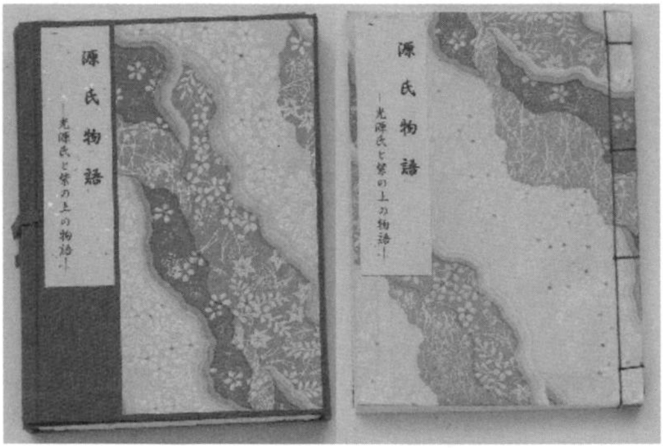

畢業製作
書本製作成品

認識人們

在高中部，安排了「認識人們」的時段，意即每年邀請兩到三人到學校分享他們的人生。「現在，站在眼前的這位先生／女士在想什麼？度過什麼樣的人生？」這些聽聞對於思考「自己將來想過什麼樣的人生」提供了參考價值。

分享自己人生經歷的大師級染織家志村女士

基貝拉貧民窟孩子們的現況令人震撼
出自早川千晶女士的演講

不同年級的特徵與華德福學校的授課方式

十一到十二年級的時期

開始具體思考人生的十一年級

由於自我中心意識的覺醒，孩子比以往更注重自己的內在，開始進入具體思考人生的時期。到了十一年級，孩子們開始思考將花一年半的時間執行的畢業計畫主題。尋找勞動實習的工作，與決定畢業計畫的主題，對孩子而言並非易事，常常必須不斷反覆面談。為了找到適合的主題，不斷反問自己「我喜歡什麼？」以及「為什麼喜歡？」也有助於對自我的深刻思索。透過在社福機構或勞動實習所獲得的體驗，讓實習之後在班上的分享與討論更為深刻。

這個時期的文學課程以探討人類成長過程的作品為主，讓孩子閱讀以「人生的旅途」為主題的騎士故事《帕西法爾》，藉此思考人生的目的、人生的意義、危險、各種愛的形式以及自我內在等課題。另外在「論述」的課堂上，練習如何將自己的想法轉化為語言，以及如何將自己的主張理論化，傳達給他人等。

另一方面在這個思考力更為強化的時期，學習從眼見的現象探求物質本質的原子論，並學習只能透過邏輯思考理解的數學，去認識超越人類真理的世界。此外，從細胞學中學習生命的連續性，透過天文學找出創造自然與人體的力量中所潛藏的宇宙法則。透過這些學習來培養孩子實際感受真理與宇宙秩序的能力。

十二年級為華德福學校學習的集大成時期

在高中部的最後一年，會將與主課程所有科目相關的未來議題導入教學中。例如，自歐幾里得幾何學後提出新世界觀的射影幾何；探討尖端科技與倫理問題的科學；思索日本的精神性與未來的文學；或是摸索經濟社會未來的現代社會學等等。

此外，在十一到十二年級的兩年時間，將進行畢業表演與畢業製作，以做為十二年來所有學習的成果發表。雖然畢業表演是以「班級」，而畢業製作是以「個人」為單位的活動，但其實兩者都必須透過「班級」與「個人」交互作用才能達到更高的境界，並藉此機會重新認識好友、同學以及自己。透過這兩年的學習，在每個孩子心中「自我的覺醒」逐漸顯現的同時，也發展出「整體的意識」。

許多孩子將畢業製作視為畢業後選擇人生方向的一個參考，並將當時與同學培養出的情感，當作人生旅途上一個可以「隨時返抵的避風港」。

表演集訓一景

不同年級的特徵與華德福學校的授課方式

十一年級　數學

十一年級的數學課，開始學習數列、指數、對數、微分、積分等。三角比、三角函數、機率等等這些在十一年級前所學的數學內容，感覺還跟日常生活有關聯，但到了十一年級以後，數學看起來就跟日常生活毫無關係了。其中，從數字排列中找出規則性的數列或許最具代表性。透過數列的學習，我們可以理解植物如何以螺旋形排列（費布那西數列 Fibonacci numbers），以及行星與太陽之間距離的規則性（提丟斯・波德定律 Titius-Bode law）等。

對數或微分，則是天文學家與數學家為了找出宇宙的法則，所發現的計算方法。如上述，高中部所學的數學逐漸與我們的日常生活脫節，內容朝向與周遭的世界及宇宙有關。

在十二年級最後的數學課中，將學習愛因斯坦的相對論，並理解相對論是如何運用在汽車導航系統。

高中部的數學內容是希望孩子們了解，看似與自己無關且抽象的數學，其實與周遭世界及宇宙是相關的，並期待他們透過數學去感受世界與宇宙中的和諧美。

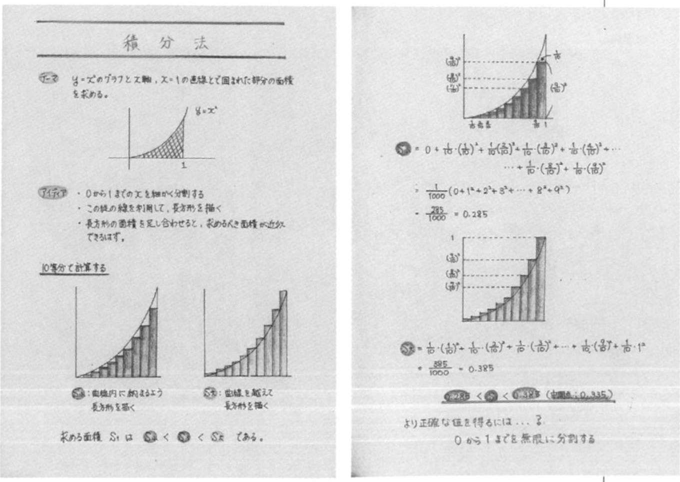

積分

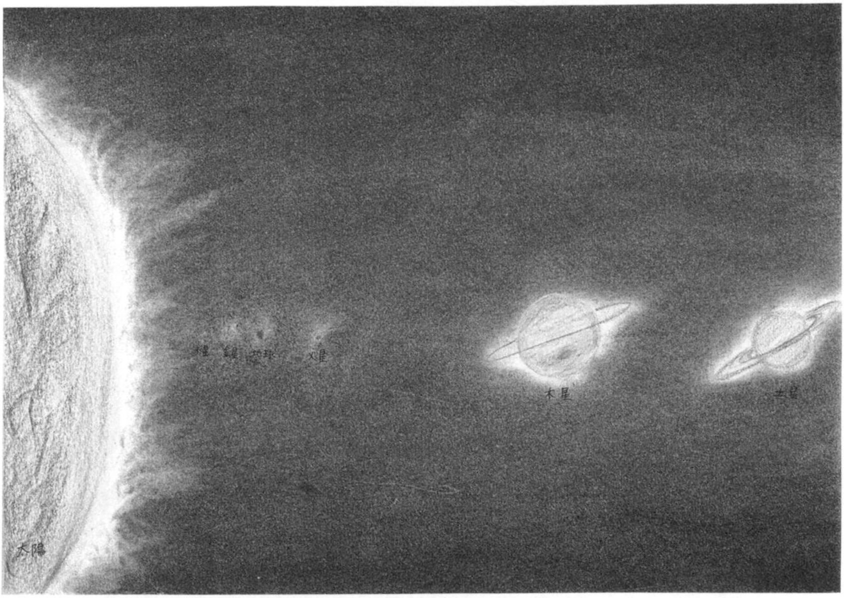

18世紀のドイツの天文学者であ,たボーデは、太陽から地球までの距離を1とした時の太陽から各惑星までの距離を書き出し、階差数列を取ることでそこに成り立つ法則を見つけた。

	a_0 水		a_1 金		a_2 地		a_3 火		a_4		a_5 木		a_6 土
a_n :	0.4		0.7		1.0		1.6		2.8		5.2		10.0
b_n :		0.3		0.3		0.6		1.2		2.4		4.8	
				×2		×2		×2		×2			

$$a_n = a_1 + \sum_{n=1}^{n-1} b_n$$

$$= 0.7 + \frac{0.3(2^{n-1}-1)}{2-1}$$

$$= 0.7 + 0.3 \times 2^{n-1} - 0.3$$

$$= 0.4 + 0.3 \times 2^{n-1}$$ ：ボーデの法則

ところが、この法則の a_4 の位置には惑星がなかった。天文学者たちは法則を信頼し、太陽からの距離が2.8の位置を観察した。そして、そこに小惑星団(ケレス)を発見したのである。ボーデの法則発見後に見つかった天王星は19.6(a_7)の位置にあった。

數列

不同年級的特徵與華德福學校的授課方式

十一年級　勞動體驗實習

認識工作現場的工作人員，體認工作的意義，思考自己的未來

走出校園，體驗社會

從創校以來，有一個是高中部的老師們一有機會就會彼此討論、確認的學習重點，那就是「實際與人互動，接觸真實的社會」。

在這個開始認真摸索自己未來生活的時期，與活生生的人接觸、體驗真實的社會並受到啟發一事，對他們而言是具有重要意義的。當然，學校中豐富且多元的學習是重要的，但對於我們這些創校以來陪著孩子長大的老師們來說，我們非常認同，對這個時期的孩子們而言，走出學校、體驗社會的重要性。各個年級的實習課程理應成為高中部學習的另一支柱，十一年級的勞動體驗實習也是其中之一。

四月時實習說明會開始，五月到六月與每一個孩子面談，同時幫孩子尋找他們希望進行勞動體驗的職業場所，請求職場接受實習申請並親自前往拜訪。有時也會因為工作領域、職業別的關係，對方無法接受孩子的申請，直到暑假最後的階段還沒有辦法決定要去哪裡實習。

每一年都有非常多的勞動體驗場所可供選擇。從幼兒園與餐廳開始，到廣告製作公司、馬匹訓練中心、音樂製作公司、歷史美術館、托嬰中心、芭蕾舞學校、氣象播報員、時尚精品店、市場調查公司、從事地域性及全球性活動的ＮＰＯ組織、特別的駕訓班等等。為了儘可能滿足孩子想要體驗不同職業的希望，家長與老師們會幫忙尋找願意接受實習的地方，也有孩子是自己決定並安排要去哪裡實習的。

「實際體會到做事要靠自己的意義是什麼了」、「我覺得華麗活動的背後，都是靠單純、踏實的工作撐起的」、「我覺得不管有多辛苦，仍能保持笑容且愉快的工作，是非常了不起的事」——這就是在各種不同領域，認知到以前毫無所悉的事情之喜悅。在職場邂逅各式各樣的人。透過這些不同的體驗，有助於深思「自己

實習結束後大家聚在一起分享各自的體驗，每個人把的體驗寫成一篇文章。這個勞動體驗之於孩子們的意義，鮮活的呈現在他們的文章裡。

同一時期進行的社福實習

在咖啡店的勞動實習

TEACHERS' NOTES

老師的速寫　十二年級　現代社會

掌握資本主義的輪廓

「現代社會」是這個學校的最後授課內容。這個課程以「確實掌握現代社會的機制與問題點」及「大家共同討論如何解決與面對這個問題，懷抱希望並朝向未來邁進」為學習目標。具體的內容，先從掌握資本主義的輪廓開始。

在廣大的綠色草原上，住著一群仍舊過著游牧生活的蒙古人。巨大的變化突然降臨在這些人身上——由於喀什米爾毛衣的需求增加，有個服飾公司的業務員一直拜託蒙古人賣山羊毛給他。蒙古人開始養育山羊取代綿羊，造成山羊的數量逐漸增多。他們賺到前所未有的「多餘的金錢」，於是開始買衛星接收器與太陽能板；買電視開始看相撲節目與日本連續劇；甚至還買冰箱等家電——漸漸的，與游牧生活完全無關的東西愈來愈多，購買機車或汽車取代傳統馬匹的人也逐漸增加，蒙古人的生活形態產生了巨大的變化。我讓孩子透過照片理解蒙古人的生活情況，並與他們一起思考資本主義的發展帶來的全球化問題，以及文化與文明的衝突等問題。

結合知識與體驗，思考並對話

接著我們談到「資本主義的機制」、「金錢是什麼？」、「股份有限公司」、「利息與銀行」、「投資與投機」等議題。此外，在社會的發展與變化過程中，人與人的關係也有了改變。在探討地域與社區變化的同時，也論及「我們希望生活在什麼樣的社會裡，尋求什麼樣的關係」等與「社區的未來」有關的話題。

在這個課堂中，我會問孩子們關於「想聽聽大家想法的事」以及「大家想一起討論的事」，而他們最常被問到的是「你對這個學校的看法」以及「大家今後想要過什麼樣的人生」這兩個問題。孩子們坦率的互相交換在這個學校的生活點滴，以及甘苦談。

「雖然經歷了許多事，但在這裡的每一天都過得非常扎實、快樂」、「希望自己將來能夠生活在與他人緊密互動的地方」大家以自己的體驗為出發，共享一段豐富的對談時光。

提出看法、不斷發問、邁步向前

經過上課與討論的階段，從孩子們自己整理的筆記中，看得出來他們有各種看法。像是「我認為錢本身並不是壞東西，是好是壞端看個人的想法」、「我覺得想靠利息賺錢並不是健康的想法。我認為努力工作賺取報酬才是重要的」、「投資金錢基本上是因為信賴對方。我認為以增加財富為唯一目的是一種扭曲的價值觀」等意見。

相信不久後他們將與周圍的人建立豐富的關係，一起擘劃與實踐多彩的未來；相信即使面臨各種困難，他們仍會一步一腳印的穩步前行。在對未來滿懷希望的心情下，這堂課畫下了句點。

認真思考

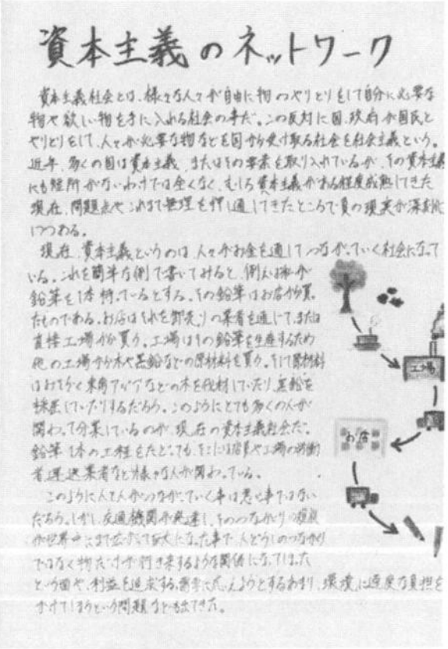

資本主義的課題

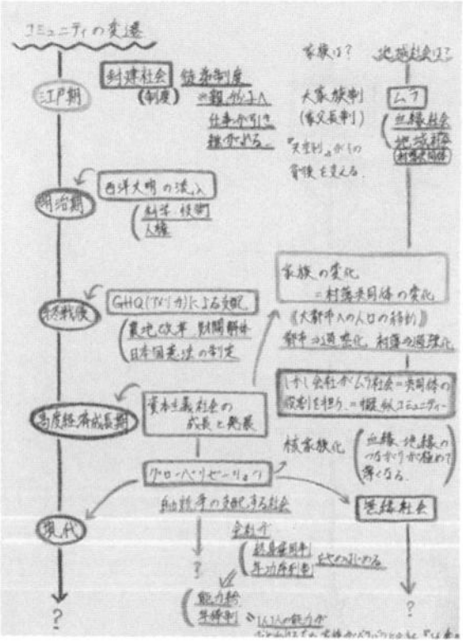

社區的變遷

TEACHERS' NOTES

老師的速寫

十二年級　畢業表演（與第七屆畢業生的回憶）

衷心期待透過戲劇演出，將各自獨立的「I」變成緊密相連的「We」。

那些很溫順，沒什麼反應的孩子們……!?

第七屆的孩子們都非常溫柔，周圍的人都認為他們「很溫順」、「沒什麼反應」等。每個孩子心中，確實都有豐富的情感與敏銳的思考能力。但因為有許多孩子不擅長對他人或世界敞開心胸，也拙於表達自己的想法與見解，無法讓班級以外的人理解，也無法讓其他人看見他們真正的樣子。有時候他們彼此間也會有一種莫名的尷尬及隔閡感，這也成為孩子們在排戲時必須面對的班級課題。我們的目標是，透過參與畢業表演，讓平常只是一群零零落落的「I」（我），變成緊密連結的「We」（我們）。

這次的戲劇是一齣輕快的原創作品《林間隙光——幾萬種的未來》，戲中有歌唱、有舞蹈、有魔法以及決鬥的場面等等。當孩子們決定演這齣戲時，我驚訝的問他們：「你們要跳舞嗎？」因為我知道有很多孩子討厭戲劇，也討厭站在別人面前表演，他們將課程中所安排的畢業戲劇表演視為世界末日。但是現在他們展現出堅定的決心，持續進行肌肉訓練與體操的訓練，所有人都學會了側翻與倒立的動作，並能記住複雜的走位動線，不斷重複練習。他們希望，即使是小小朋友也能夠喜歡他們的表演，他們這種以堅毅、誠實的態度，慢慢朝成功邁進

重複排練決鬥場面

全班的舞蹈表演

的姿態令我深受感動。

孩子們發現有很多課題要面對。每個人選擇各自要負責的工作，在不斷的報告、聯繫、討論之下，大家一起做決定、往前邁進，而這些都需要付出相當多的心力才能完成。經歷過這個過程的孩子們，變得可以直率的說出自己的想法，並聆聽他人的意見，最後終於能夠無礙的傳達彼此想說的話。

確實可見的「We」之環

在正式演出前的某一天，孩子們想像可能發生在出場人物身上的故事，並以即興的方式演出，出現了練習時舞臺上不會出現的時光。藉由重新體驗出場角色各自的人生，同時實際感受角色之間彼此的關聯強度，透過這樣的戲劇排練，老師發現班級裡的一些問題，進而面對這些問題，讓戲劇演出成為班級經營的重要一環。

劇終之後接著是全班的舞蹈表演。看著整個班級成為一體，展現出充滿喜悅的舞姿，我一個人在舞臺邊默默的深受感動。孩子們原本無表情的臉現在已滿是笑容；原本僵硬的身體已能盡情舒展肢體、舞動身軀，我認為所有那些辛苦與難熬的經歷都是為了這個瞬間而存在的。表演結束後，孩子之間的連結更加緊密了。透過藝術性的創造活動，每一個人卓然獨立，整個班級連結，成為一個整體。這種深刻的情感連結是在畢業製作的發表場合中看不到的。而現在，我們確實看到了「We」之環。

TEACHERS' NOTES

老師的速寫　十二年級　畢業製作

畢業製作的意義

我們高中部的老師們總是不斷提醒孩子：「畢業製作看起來像是一個人的事，實際上卻需要全班參與喔！」真的是這樣，大家唯有關心彼此的主題，對於每一個畢業製作的發展過程表示興趣，才有助於班級整體的成長，而不是每個人只關心自己的研究與活動就好了。

不過，我覺得今年孩子們的畢業製作發表會，似乎有種比以往更迷人的魅力，比「完成全班一起的發表」或是「在大家相互勉勵、努力下完成的」更具吸引力——那就是，孩子們對彼此的主題與興趣能夠產生共鳴，讓不同的主題得以朝原本沒有想到的方向發展，所有發表的孩子都感覺到全班似乎產生一種非常深層的連結，有了一段不可思議的時光。

彼此相連、回應的主題

在H同學的獨角戲——《白鶴報恩》的發表會上，出場人物只有阿鶴（Tsū）、小孩與惣奴（Soudo）三人，表演形式為這三人分別和與兵（Yohyō）互動。小孩在與兵的四周奔跑、惣奴為了賺錢，逼迫阿鶴織更多的布、阿鶴拚命告訴與兵自己的想法，

以手工具（譯注：用手操作的工具）製作的家具

在畢業製作發表會上的演唱會

故事持續進行下去。但是，不可思議的是，從某個瞬間開始我們感覺到出場人物好像在跟我們自己說話，我們每個人似乎變成了與兵。原來輸給慾望的不是與兵，而是我們自己！這個想法深深的在心中駐留，故事來到了結局。

戲中阿鶴的美貌令人印象深刻，其後孩子的發表內容也相當深刻。「欲望是什麼？」「金錢是什麼？」「什麼才是人類的美？」等等這些提問，也在其後每個孩子的主題與發表中持續發酵。人與人的聯繫、世界與自己的關係、日本的美、「物」是什麼等等，這些都是孩子在畢業製作期間，花一年半的時間，不斷反問自己、對自己的發表主題持續檢討之下的收穫。每個人在這個期間苦心獲得的成果，實際的與各自的主題相連結、呼應——那個時候，在場的所有人都能感受到這一點。

在心靈深處重新相遇

那些專心聆聽同學發表的孩子們的側影，真的是非常純粹、美麗與充滿光輝。「原來他還有這種興趣……」這是每個人重新認識彼此的瞬間。「我們在學習的最後的最後，居然才有這樣的體認……」在心中的餘韻持續發酵下，度過了畢業製作的時間。

今後將各奔東西的孩子們，相信未來也將持續與不同的人相遇。然而，我認為在這裡的體驗，以及當時所感受到的深刻連結，將成為他們每個人生命的原點，永遠留存在他們的心中吧。

不同年級的特徵與華德福學校的授課方式

孩子們的活動

在我們學校每年的行事曆中，有一天寫的是「高中部主辦的活動」——這是由高中部的孩子們負責企劃與執行的活動。不過只有決定舉辦日期而已，要做什麼、或是不做什麼，都由孩子們從頭開始討論。

自從高中部開始負責主辦活動以來的十年間，每年全校學生與家長們都會聚在一起，進行拔河、大會接力、投球等「體育祭」。這個活動的誕生，是因為高中部的孩子們念及：「學校沒有辦運動會，就以辦這個活動來代替。」

但是因為這已經變成每年慣例活動，孩子們注意到自己對這個活動並不積極，每年都是從「今年要不要辦體育祭」開始討論。之後，有一年終於做出了「今年不辦體育祭」的結論。這是大家對於自己到底想辦什麼活動所費心討論出來的結果。而那一年決定舉辦首次的「文化祭」（譯註：台灣所謂的園遊會）活動。

從第一期開始持續舉辦的體育祭

但是，高中部的孩子們沒有一個人有「文化祭」的經驗。目的是什麼？為了達到這個目的的具體作為是什麼？決定好的內容要如何執行？所有這一切都是由大家一起討論、反覆嘗試修正之下，迎接活動當天的到來。之後的一年，仍舊從「今年想要做什麼？」開始討論。

持續不斷的對話與嘗試錯誤。當大家不知道該做什麼的時候，就會退回到出發點重新思考。孩子們每年重複這樣的過程，挑戰「將想法付諸實現」的任務。

第一屆高中部文化祭

小朋友喜歡的遊戲空間

為大人們舉辦高中部課程的體驗講座

社團活動

六年級（後半段）到十二年級的孩子共同參加。

籃球社

棒球社

樂器社

排球社（女子）

排球社（男子）

	七年級	八年級	九年級	十年級	十一年級	十二年級
四月	化學 燃燒・鹽・酸・鹼	物理 水的三態・壓力・流體力學	近代史	三角函數	電力・電波	畢業表演
五月	世界史 文藝復興	數學 聯立方程式 營養學	算式與計算	現代文學 英語	細胞 英語	幾何學
六月	數學 正負數 地理 大航海時代	世界史 工業革命 地球科學 包含氣象學	骨骼學 人與水	人類學 測量	數列 社會	畢業表演
七月						
八月						
九月	營養學	世界地理 物理 電磁學	二次函數 英語	悲劇	社福機構・勞動體驗實習	理科
十月	日本史 室町 數學 代數 方程式	日本史 江戶・幕末	食物與農業 熱學	美術史	畢業製作 社會	畢業製作
十一月	物理 聲・光・熱・電力・力學	數學 一次函數 幾何學 正多面體	電學	人體學 幾何學	微分・積分	文學
十二月		化學 金屬 戲劇	文字的美學	機率	文學	現代社會
				〈特別主課程〉		
一月	天文學	戲劇 人體學	幾何學	社會	論述	畢業製作
二月	幾何學 畢達哥拉斯定律		力學	源氏物語	天文學	
三月	日本史 戰國	戲劇	社會	無機化學	指數・對數	

二〇一四年度　主課程預定表

	一年級	二年級	三年級	四年級	五年級	六年級
四月	形線書	聖者傳記① 聖克里斯多福	實務課程 衣・食	日本古事記①	昆蟲～ 植物學①	日本史 平安
五月	語文 漢字	形線畫 對稱	語文 舊約聖經①	數字 除法 直式運算	世界史① 古代印度 ～埃及	幾何學
六月	數學 數的本質	數學① 九九乘法表	數學① 生活中的算術	鄉土學①	數學　小數	礦物學
七月	語文	語文 片假名	實務課程 住	動物學①	日本地理 近畿	日本地理 全國
八月						
九月	語文 平假名	聖者傳記② 聖喬治 戲劇製作	實務課程 蓋房子	鄉土學②	徒手幾何 幾何学	世界史 羅馬
十月	數學 四則運算	數學② 九九乘法表	語文 舊約聖經②	日本古事記②	世界史② 希臘 奧林匹亞	數學 金錢
十一月	形線畫	動物寓言①	數學② 筆算 生活中的算術	數字 分數①	植物學② 植物生態	日本史 鎌倉
十二月	語文 平假名 母音	聖者傳記③ 聖方濟各	文字　文法 形線畫	北歐神話	日本史① 繩文・古墳	物理 聲・光・熱
一月	數學 四則運算	數學③ 神奇的數字	實務課程 生活中的算術 看時鐘 金錢	北歐神話	日本史② 飛鳥・奈良	世界地理 亞洲
二月	語文 平假名 濁音‧半濁	動物寓言②	語文 舊約聖經③	動物學②	戲劇製作	數學 比例
三月	總複習	聖者傳記④	數學③	數學 分數②	日本地理	世界史 中世紀・ 伊斯蘭

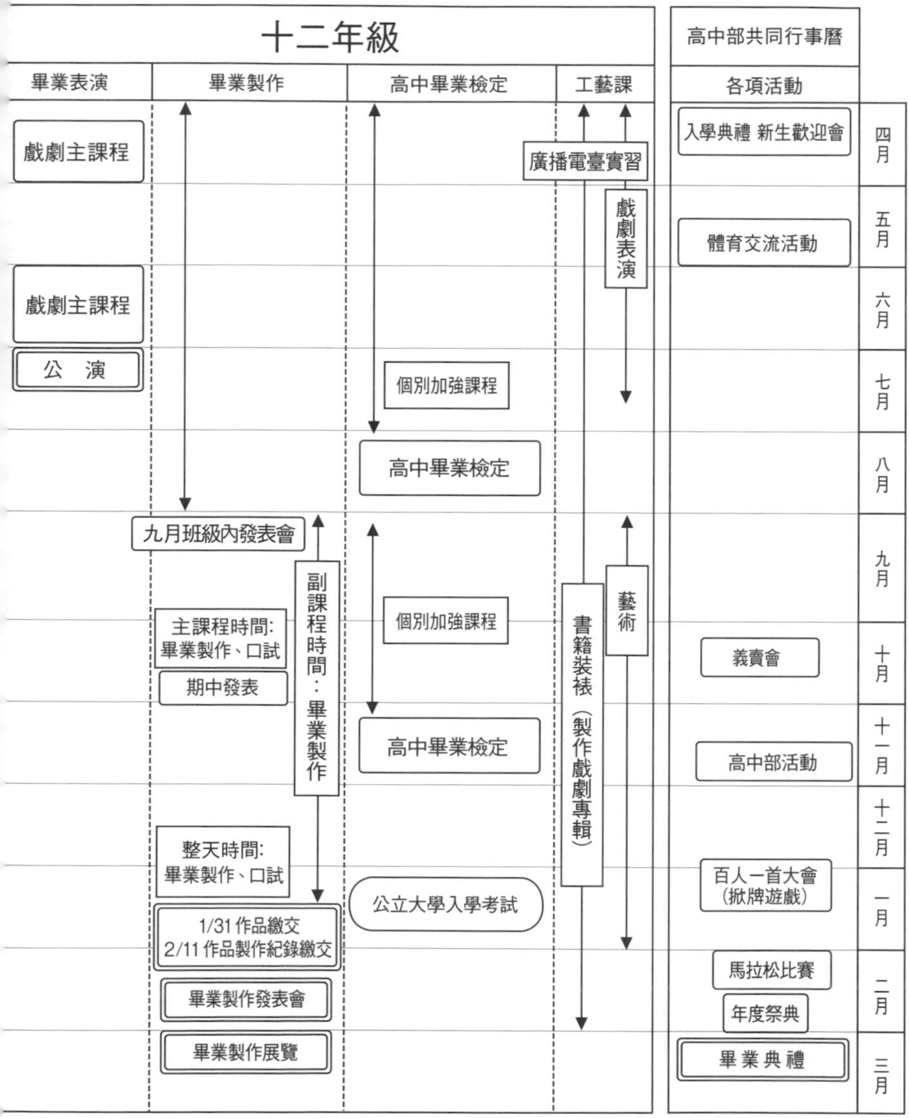
十二年級
畢業表演
畢業製作
高中畢業檢定
工藝課
高中部共同行事曆
各項活動
戲劇主課程
戲劇主課程
公 演
九月班級內發表會
主課程時間：畢業製作、口試
期中發表
副課程時間：畢業製作
整天時間：畢業製作、口試
1/31 作品繳交
2/11 作品製作紀錄繳交
畢業製作發表會
畢業製作展覽
個別加強課程
高中畢業檢定
個別加強課程
高中畢業檢定
公立大學入學考試
廣播電臺實習
戲劇表演
書籍裝裱（製作戲劇專輯）
藝術
入學典禮 新生歡迎會
體育交流活動
義賣會
高中部活動
百人一首大會（摭牌遊戲）
馬拉松比賽
年度祭典
畢 業 典 禮
四月
五月
六月
七月
八月
九月
十月
十一月
十二月
一月
二月
三月

二〇一四年度 高中部 各年級行事曆

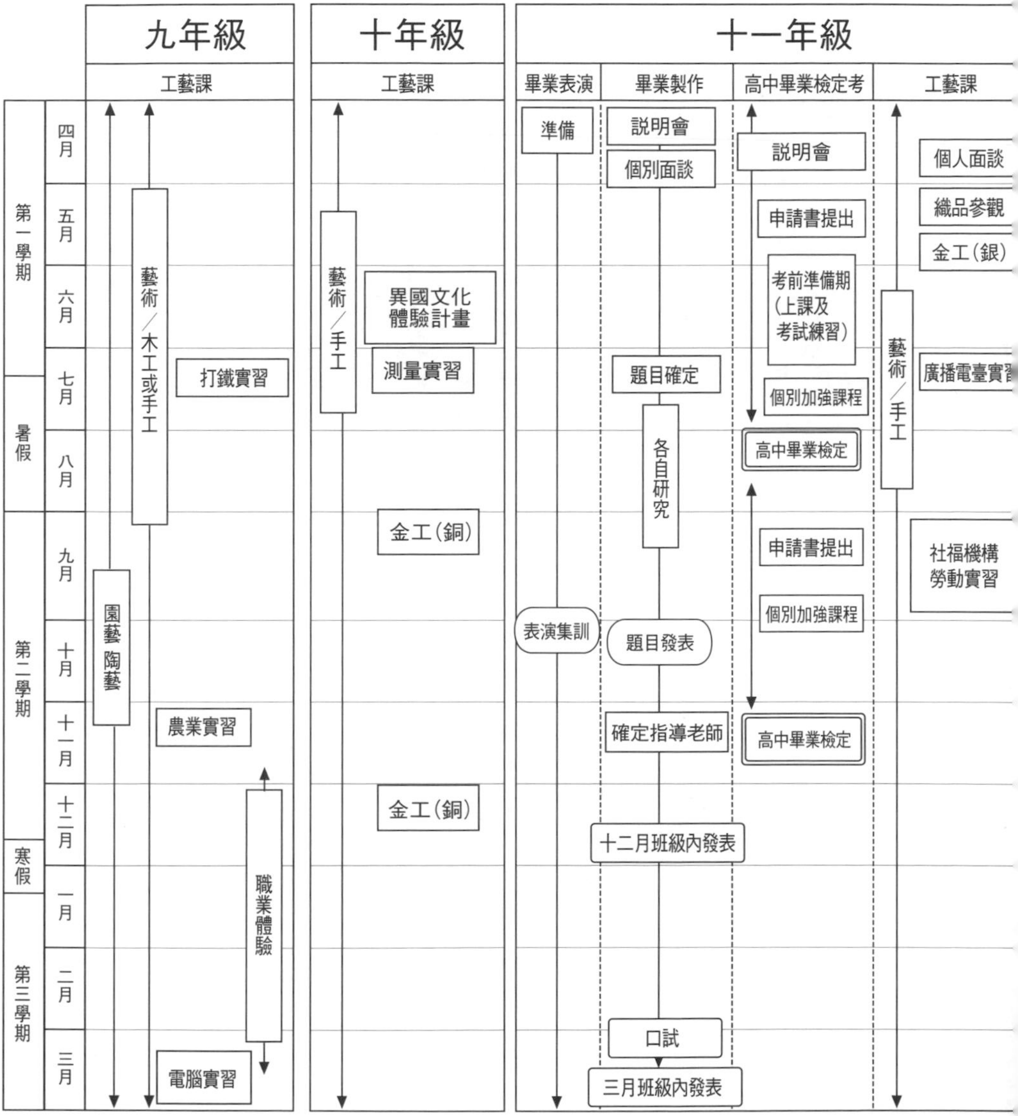

畢業生返校歡迎會

畢業後的人生旅途

截至二〇一四年、第七屆為止的畢業生人數約有一百位左右。他們於畢業後，各自經過不斷的嘗試踏上新的旅途。

二〇一三年一月，畢業生們成立了自主組織「畢業社」，開啟畢業生之間的網絡聯繫。他們發行《畢業生之書》(二〇一三年四月發行)報告彼此的近況，以下介紹其中幾篇。

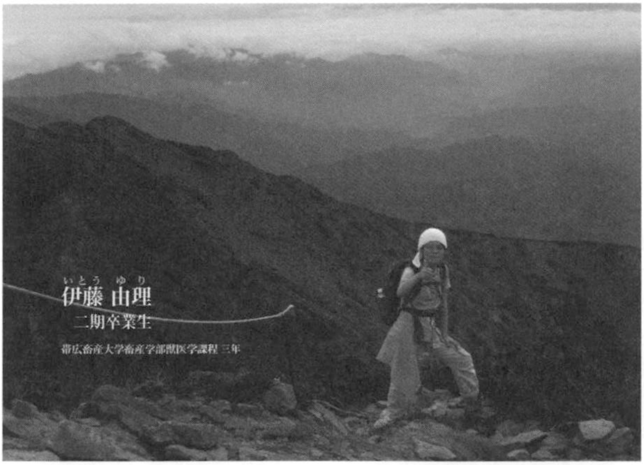

伊藤由理　第二屆畢業生　帶廣畜產大學畜產學系獸醫學課程 三年級

有空就讀書準備考試。目前想做的事太多，忙到頭都快禿掉了，不過，並非不幸福。
為某人工作、和某人一起工作、學習自己喜歡的學問、帶學弟妹一起去爬山，真的是超幸福的。
但是，我現在才了解，那些在華德福學校度過的時光，是多麼的精彩豐富啊。不用忙考試、不用擔心名次，也沒有要趕的事，可以自主安排自己的每一分每一秒，擁有充分的自由。
正因為有過那些自由的日子，現在的我才能夠愉快的度過忙碌的每一天吧。

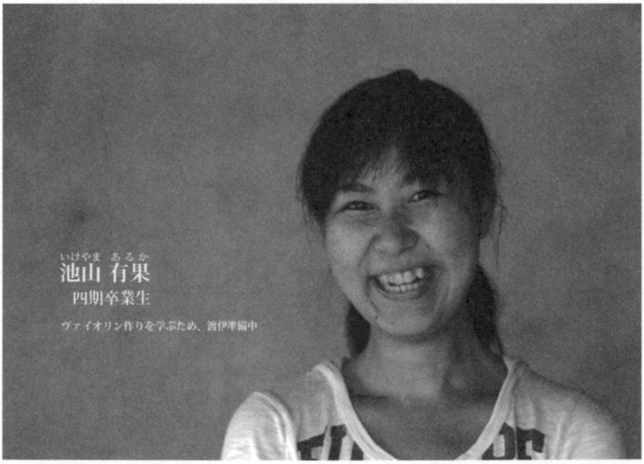

池山有果　第四屆畢業生　準備前往義大利學習製作小提琴

我記得基本上學校生活相當充實，特別喜歡學校的木工、陶藝、美術、雕塑、手工藝、園藝等課程。
目前，我為了前往義大利學習製作小提琴，一邊打工，一邊參加每周一次的市民管弦樂團及上義大利語講座。對於飲食文化、教育、農業、音樂、傳統藝能及歷史等領域都有興趣。

吉田遼太郎　第三屆畢業生　早稻田大學合氣道會第五十四代主將

我並沒有比別人特別強，還有很多比自己強的高手存在。
我並不打算成為合氣道的專家，但我比任何人都清楚，合氣道對我來說是非常重要的。
「要抬頭挺胸立於別人面前」，這是我在畢業製作時，以及這個學校裡所學到的道理。

松尾銀河　第四屆畢業生　臨床心理學系 一年級

我目前在進行的計畫是以「比較宇宙與人類的大小」為出發點。
在浩瀚宇宙中我們如何看待人類的渺小存在？
我們的存在雖然渺小，但是卻都擁有心魂。

松本明　第三屆畢業生　神奈川大學三年級

自我的存在指的是我自己一個人。
因此，只要做只有我能做的事就對了。
這是我在學習伊莉莎白一世的生平時，寫在報告裡的一段話。

栗原繁須　第二屆畢業生
立名館亞洲太平洋大學　國際經營學系國際經營學科 二年級休學中

在學校時我並沒有這樣的想法，但現在想起來，在多愁善感的時期，
能夠接受沒有標準答案並鼓勵各種可能性的教育方式，成為我的珍貴資產。

第5章
京田邊華德福學校的一年

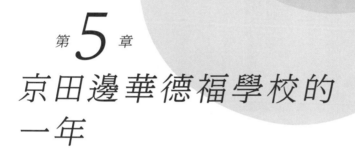

京田邊華德福學校的節慶與行事曆

京田邊華德福學校與世界其他的華德福學校一樣，除了每年舉辦華德福學校獨有的節日活動外，也會有日本傳統活動與學校年度的例行活動。不同年級的孩子們在同樣的季節更迭中，進行適合各自年齡的學習與體驗活動。

低年級的孩子們，以憧憬的心情仰望著高年級的學長姊們。而高年級的學生們則以懷念與溫暖的心，守護著低年級的學弟妹們。

譯註：日本的學制，每學年自四月開始至隔年的三月。

金黃油菜花田裡的孩子們

四月

一年級新生入學式

學校為這一天進行各種準備工作

高中部　升學典禮

五月

花與綠的祭典

四年級表演五月柱舞

高中部企畫　體育交流會

七月

星空祭典

掛上七夕竹飾

學期結束日 在夜晚的星空下舉辦音樂會

十二年級　畢業戲劇演出

六年級　研習旅行

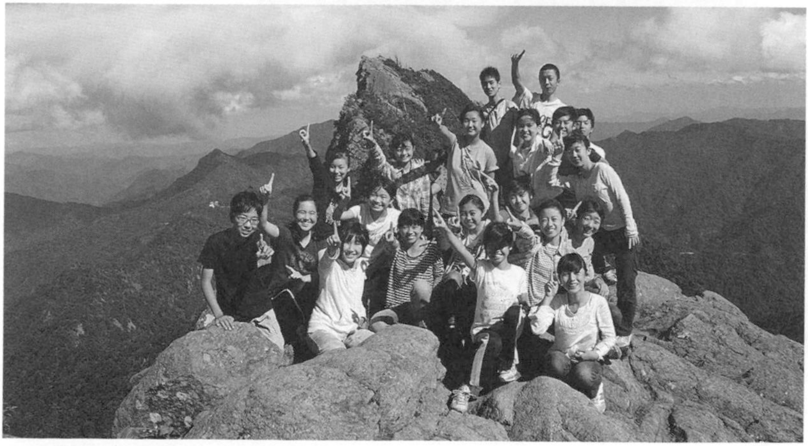

八年級　畢業旅行

八月

四所華德福學校交流會

夏天是高中部學生與外校學生交流的季節，
參加並企劃各式各樣的國內外活動

九月

聖者米歇爾祭

扮演騎士的二年級學生，鼓起勇氣挑戰六年級學生扮演的龍

十月

收穫祭

一年級學生協力豎立竹櫓

八年級的學生幫忙舀大家煮的番薯湯

五年級　古希臘奧林匹克運動會

秋季慶典與義賣會

開幕儀式 六年級的太鼓演出

家長、老師、學生們，男女老少一團和氣的一起工作

高中部企劃的文化祭

一到二年級孩子們的燭光花園

黑暗中每個人依序走向中心處，並在中央點燃自己的蠟燭

老師們演出耶穌誕生劇
做為送給孩子們的禮物，
這個傳統從創校前就已開始

一月

六年級舉辦的「新春百人一首（掀牌遊戲）大會」，每年的比賽都非常激烈

初一參拜之後，煮七草粥慶祝

畢業生之日　成年慶祝會

二月

節分　七年級或高中部的志願者扮演可怕的魔鬼在校內遊走

（譯註：日本節分是指立春前一日，通常會在當日舉辦一些應景活動）

十二年級　畢業製作發表會

高中部馬拉松比賽 頒獎典禮

三月

年度學習成果分享會

由低年級學生開始依序介紹今年的學習成果　看到十二年間孩子們的變化與成長，令人感慨萬千

高中部選修　管絃樂與
優律思美的共同發表會

六年級　音樂
班級管弦樂團發表會

十二年級 畢業

畢業典禮

畢業生們穿過由全校學生與家長們搭成的祝福拱門

頒發畢業證書後，每個畢業生輪流上臺致詞

目送畢業生走出校門，直到看不見身影

八年級　畢業

畢業表演

畢業典禮與相處了八年的主帶老師告別

收穫祭的象徵——竹櫓

第6章 創校及經營

創校之前的歷程

京田邊華德福學校緣起於一九九四年幾位關心華德福教育的母親們所成立的讀書會，其後發展成希望以自己的雙手成立「學校」的組織。家長們為什麼要自己成立學校？創校之前又做了哪些努力？我們將這段歷程整理如後。

從「週六教室」開始

以幾位在運用華德福教育的幼兒園結識的年輕媽媽為中心，成立了專為學習華德福教育及其背後思想的讀書會。接著，在一九九四年，為了讓自己的孩子能夠繼續接受華德福教育，進而成立了「華德福學校創立集思會」。

雖然幾經討論希望可以有一間每天都能去的「學校」，但是實際上要立刻創校是不可能的。即使如此，「還是希望能為眼前的孩子們做點什麼」，於是採取一邊就讀公立學校，一邊在「週六教室」每週一次實施華德福教育。在孩子上課期間，家長們也舉行讀書會，並且每週一次進行營運方面的討論。

第一年成立了一年級與二三年級合班的兩個班級，聘用兩位老師。但是到了第三年已成長為四個班級，約五十位小朋友參加週六教室的情形。此時起，大家更迫切期待能早日有一間孩子們可以每天上下學的學校。

決定於二〇〇一年四月創校

一九九八年一月十五日，在幾個人的發起下，舉辦了一場「在關西地區成立華德福學校」的集會。參加集會的人除了「週六教室」的成員外，也有來自關西華德福讀書會的學員，以及經營華德福幼兒園而想要有「自己的學校」的家長。

雖然這個集會的參與人數不多，卻是一個充滿熱情、

每年的一月十五日為學校的生日，家長與
老師齊聚學校參加「歡慶新年會」

真心想要創建學校的集會。會議中，提出「為了創建學校，決定將創校日定在三年後的二〇〇一年四月一日」的意見。這個意見被送到了創立集思會，經過多次討論，決定在京田邊創立全天制的華德福學校。

於是，我們將「華德福學校創立集思會」更名為「華德福學校創立籌備會」，以明確表達創立學校的決心。

開始宣傳活動

顧及華德福學校成立的條件，以及未來在這裡就讀的孩子們，我們以學生人數至少五十人左右、土地需三百坪以上為目標。要成立這種規模的學校，必須找老師、招募學生，以及取得土地與建物的資金。為了達成這個目標，首先必須讓更多人知道並認同我們正在做的事情，於是展開了宣傳活動。

「週六教室」是當時唯一的教育實踐場所，我們接觸了許多媒體，希望他們到現場參觀並幫忙報導介紹「華德福教育」。此時正好碰到不願上學的孩子人數激增的時期，加上媒體也希望報導另類教育的需求，因此有幾家報社、廣播電臺及電視臺記者願意報導我們的行動。

但是，一開始在製作介紹手冊時塞進一堆密密麻麻的文字，變成一般人都不想讀的東西，完全是外行人的做法。而身邊又沒有可以幫忙編輯與設計的朋友。然而，憑藉著一股想要「學校」的熱情，想要告訴大家這所學校實踐的是什麼樣的教育，於是我們曾在別人的演講會中舉手發表學校的事；或是聽說某位為史代納博士的著作寫過評論的數學家來到關西，就跑到他的休息室去拜訪等等。如今想起來，當時真是以驚人的能量（厚臉皮的）跑了許多地方費心遊說。

減少文字量後完成的活動宣傳小冊

期間，剛好遇到一位對於華德福教育非常熟悉的新聞記者，做了很大篇幅的報導，之後還多次報導我們的活動，給予相當大的支持。

舉辦第一場演講會

一九九九年二月五日，距離創校還有兩年的時間，我們舉辦了第一場演講會，主題是「當下，我們能做的事——重視孩子差異的適性教育」。

不知是否因為我們希望外界認識華德福教育的強烈心願被傳達出去，演講當天來了兩百多人，會場可說是座無虛席。其中有四十位以上的參加者加入我們的「好友會」，而幫我們販售書籍的書店，當天也賣出不少華德福教育相關的書籍。

從這次的演講經驗，我們了解到如何將正在思考的事化為具體的事物，再針對這個具體事物進行思考，接著再

第3種郵便物認可　　京都新聞

21世紀担う子どもに手作り

感性大切に　心はぐくむ

シュタイナー学校設立へ主婦ら懸命の運動

テストもない

京田辺市、京都市の主婦や相楽郡木津町の教師夫婦らが、知識と芸術を一体化した授業で子どもの感性を伸び伸び育て、心や魂が育つ全日制のシュタイナー学校を関西に開校しようと運動を進めている。99年には非営利団体の法人申請を行って用地取得を進め、2001年4月に小中学校一貫で開校させようと張り切っている。

シュタイナー学校は、20世紀初めオーストリア出身の思想家ルドルフ・シュタイナーが独自の人間観によって実践した学校。現在、欧米各地や東京に全日制の学校がある。

小学1年から中学2年まで8年間、1人の担任が受け持ち、テストや成績表はない。子どもが生き生きした感性で世界とかかわり、体験を定着させて、既成概念にしばられず自立した判断や行動ができる人を育てることを目指している。

府南部のシュタイナー学校設立の動きは、私立幼稚園でシュタイナー教育の一端にふれた京田辺市の主婦が94年に結成した「シュタイナー学校設立を考える会」が始まり。95年からは、小学生の「土曜クラス」を、京田辺市や城陽市で1回1時間半から2時間続け、京田辺、城陽、京都、寝屋川、枚方などから小学1―6年生約70人が通っている。

担任教師は、海外のシュタイナー教育教師養成ゼミナールで学んだ中村真理子さん(31)＝木津町＝や京都大大学院生ら4人が務める。会の名も「京田辺シュタイナー学校設立準備会」と改めた。

メンバーの1人で主婦の神谷真理さん(39)＝京田辺市＝は「先生が子どもを比較しないので、子ども自身も友だちをチェックしたりせず安心して教室にいれるようだ。他人や自分の素晴らしいところを大切にできる子になってきた」とシュタイナー教育の成果に注目している。

父親の1人、新井克次朗さん(41)＝京都市伏見区＝も「シュタイナー教育は、今の学校教育の中で苦しんでいる子どもを救い出してくれる流れではないか」と期待を込めて話す。

同準備会では、昨年から20人余りの親たちが月数回、学校設立のための会合を重ねており、用地探しも始めた。開校には多額の費用が必要なこともあって、多くの人の賛同や協力を求めている。問い合わせは〒610-0362京田辺市東西神屋107ノ9、奥田真理子さんへ。

土曜クラスでシュタイナー教育の授業を受ける子どもたち（京田辺市中央公民館）

一九九九年一月刊載的報導，專題為「為二十一世紀的主人翁親手打造學校」

將思考的事化為具體的事物……如此反覆操作的過程相當重要，我們滿懷喜悅並深信，只要持續下去，「學校」終有一天能具體成形。

之後，我們將租屋的一樓當作辦公室，在這裡開始接受外界的詢問。到創校為止的兩年兩個月期間，我們一共舉辦了六場演講會，其中包含了兩場特別演講，大約有八百人來到京田邊。每次辦演講會，都獲得非常多的鼓勵與祝福，成為不時想要放棄的我們繼續前進的動能。

系列演講會

朝向取得ＮＰＯ法人資格努力

雖然演講會獲致了一些成果，但是在取得土地與建物方面仍舊毫無進展。縱然看了幾十個場地，但是因為沒有資金也沒有足以充當借貸擔保的物件，即使看到中意的地方，對方仍遲遲不肯將土地租借給我們。

我們希望的校地條件，以「週六教室」與全天制可以一起滿足為前提，設定為從京田邊至大眾交通系統的路程在三十分鐘以內、占地三百坪，及長期租借下一坪租金約一千兩百日圓。

為了取得校地，「週六教室」的參加費中提撥累積的公基金逐漸增加，而從社會信用方面來看，成立某種法人組織的必要性也逐步提高。

然而，從資金面或其他面向來看，要成為學校法人或社會福利法人幾乎是不可能的。這個時候，有人提出新上路的ＮＰＯ制度應是最適合我們的法人組織，於是大家開始討論是否要嘗試去爭取資格。

討論進行了半年左右，終於在兩千年三月底取得了ＮＰＯ的法人資格。在此過程中，「週六教室」與創立籌備會合併為一個組織，從取得法人資格開始，我們的團體名稱就更改為「ＮＰＯ法人京田邊華德福學校」。

沒有資金還是要有校舍

即使找不到土地也必須先想好建築的事情。

大家分頭去調查各種建築，例如預製組合木造屋，並前往現場勘查。雖然當時是沒有資金的狀況，但是為了成立五十至六十人規模的學校，必須先解決校舍建物的問題，行動也在這樣的決心下展開。也因此最終的預算必須等到土地與建物確定之後才能夠決定，這與一般常識認知的作法完全不同。

兩千年二月，我們終於碰到了願意租借土地給我們蓋學校的地主。一共有三百八十坪，從ＪＲ的「同志社前站」步行五分鐘即可到達，可說是最佳的基地條件。我們花了好幾個月不斷討論，是否要租借這塊土地，以及在經濟上是否真的能夠經營下去等等。最後，在沒有任何的保證下，我們決定租借並簽訂了契約。

至於建物的進度，因為是在沒有資金的情況下就必須先進行設計與施工的發包作業，大家在規模與費用上的意見相當分歧。兩千年九月工程開工時，距離創校日僅剩七個月的時間。

加上土地的保證金，創校所需的經費共計約五千萬日幣。其中的一千萬日幣由「週六教室」的公基金來分擔，剩下的四千萬日幣，首先徵詢家長與老師們所能負擔的金額，不足的部分則決定向外界募款。

在暑假期間，每個人分頭向父母、親戚、朋友等周圍的人傳達創校的理念，並向他們募款。至於老師們呢，有的前往在關西長年學習華德福教育的幾個讀書會，或是搭乘夜間巴士前往同為老師且往來密切的東京史代納學校（Tokyo Steiner Schule，現為學校法人史代納學園），以及位於橫濱的週六教室（現為ＮＰＯ法人橫濱華德福學園）等地向他們募款。大家不僅慷慨解囊，還給了我們很多鼓勵。

如此，承受許多京田邊以外的人士希望「華德福學校能夠創校」的心願，逐漸匯集成一股巨大的能量，加持了學校的創立也帶來實質的助益。

許多關西的讀書會成員與開設「週六教室」的朋友們，舉辦了「支持京田邊華德福學校設立」的義賣會，同時不僅一次的將他們的收益捐贈給我們。由衷感謝大家的美意與支持，在此僅能雙手合十，向那些從未謀面的團體、朋友們表達深深的謝意。

建造一座木造的華德福校舍

在思考校舍的時候，我們希望實現的是史代納博士所提倡的教育空間。但在有限的資金下，確保最低限度的必要空間成為設計上最優先的考量。

在「週六教室」的時期，為了讓空間盡可能符合孩子

完工典禮　地主、建築師、建設公司一同出席

們的學習年齡，家長們將親手染的紗布掛滿教室四周，一直很努力想將活動中心的房間布置成教育的空間。有了這個經驗，大家都同意就算是預製組合屋，只要下一點功夫就可以變成適合的空間。

但是，經過許多有關建築的調查之後，我們了解到，不管是預製組合屋或是自己組裝的木頭房屋都相當昂貴。只要再加把勁兒，或許就可以擁有木造的校舍。這樣一想，為了眼前的孩子與未來的孩子們，大家更堅定的想要為孩子們打造一座舒適的校舍。

就在此時，有一位學習過史代納建築理論的建築師表示願意幫我們設計，也遇到一家在資金尚未到位前就願意接下工程的公司，讓我們能夠朝向木造校舍的興建方向前進——這是我們當初想都不敢想的。

由於資金不足，加上大家希望能夠共同參與校舍的建造，自己動手興建的部分占了相當高的比例，這也成為這間校舍得以完成的最大助力。不可思議的是，有些家長幾乎可算是職業級師傅。有些媽媽每天跟著木工師傅一起粉刷柱子、牆壁、天花板等。一塊必須經過七道塗裝程序才能完成的黑板，是由某些人從深夜到清晨，在寒冷的天氣中默默完成的。有些人則是每個禮拜放棄休假來學校加入自己動手建造的行列。如今矗立於大地之上的京田邊華德福學校及其校舍，正是在這些家長、老師，及各界人士的熱情付出下誕生的心血結晶。

塗抹柿汁

大人與小孩一起動手蓋校舍

在牆壁上刷灰泥

正在粉刷柱子的爸爸們

作為NPO法人組織的學校經營身分

因本校是既非公立亦非私立的NPO法人組織所經營的學校，因此營運上有各種限制。另一方面，我們獲得聯合國認定為「聯合國教科文組織聯繫學校（UNESCO ASP Net: Associated Schools Project Network）」，因為勇於開拓新時代的精神而受到社會的肯定。

挑戰成立NPO法人的學校

京田邊華德福學校並非依據日本學校教育法（所謂的第一條校）所設立的私立學校。要獲得學校法人的認證，必須在校舍、腹地面積、設備、資金等方面符合嚴苛的條件；若想成立被認可的新學校卻不想利用已廢校的校舍，需要具備數億日圓的資金。這在地價高昂的城市裡，可說是相當困難。

自一九九四年開始的「週六教室」的活動，在經濟與組織的規模方面皆超越了自發性團體的框架；而為了設立全天制的學校，也需要有作為主體的團體出面租借土地與簽訂建物契約等。最重要的是，眼前的孩子們需要一所學校，因此我們將目標設定在兩千年三月取得法人資格後開辦學校。所謂的NPO法人（非營利組織），指的是市民以非營利為目的進行社會服務活動，並獲得國家審核通過進而取得法人資格的團體。

非學校法人的學校的特性

學校法人的學校經營，在教育相關的硬體設施和各種軟體方面，都有限制；至於沒有這些限制的NPO法人的營運，則具備了可以實施獨特教育的優點。但另一方面，與學校法人不同，它無法接受來自國家或地方公共團體在學校經營上的經濟援助（私立學校補助等）。營運時受到較多財政上的制約。此外，在現行法規中，必須是基於學校教育法成立的學校，才能設有合法的學籍——有關這一點，進一步的詳細說明如後。

即使進入本校就讀、每天上下學的孩子，他這九年義務教育的學籍，仍舊必須設在戶籍地的公立學校裡。由於家長有義務讓孩子接受義務教育，家長必須向學籍所在的學校報告「孩子在華德福學校接受相對應的教育」並獲得認可。藉由這樣的作法，只要有盡到保障憲法所規定的「兒童受教權（學習權）」的義務，就不用擔心會有違反義務教育（就學義務）的情形發生。根據同樣的理由，由於京田邊華德福學校無法頒發公認的畢業證書，依法必須由在籍的學校發行。此外，為了能順利推展這些事務，必須持續與在籍的地方學校人士保持聯繫。

獲聯合國教科文組織評定為先進案例

目前，我們與附近的學校及教育行政機關維持著良好與穩定的關係，這是創校十多年來累積的成果。在二〇〇九年，華德福教育的創新實踐獲得好評，學校以NPO法人教育機構的身分，成為日本第一座得到聯合國教科文組織認定的「聯合國教科文組織聯繫學校」。在邁向二十一世紀的老年社會之際，社會對於市民和NPO組織在兒童養育及教育領域中進行新嘗試的支持度逐漸升高，本校的實踐過程，也成為政府與日本文科省在會議中介紹的模範案例。

近年來，日本各地紛紛成立華德福學校，二〇一三年夏天，七所華德福學校共同攜手創立了「日本華德福學校協會」。另外，也有一些非學校法人的學習組織共同合作，促進了社會對於「另類學校」的認知與認同。

聯合國教科文組織聯繫學校證書

此外，有關學校經營方面，正因為有種種的制約，在老師與家長等與學校有關的大人們之間，存在著「凡事不委由他人」的自發性及良好的關係。雖然我們身處NPO法人的嚴苛環境中，但在其中所培育獲得的所有東西，將成為持續推動這所學校前進的重要原動力。

家長與老師持續打造的學校

京田邊華德福學校，並非由特定經營者所經營的學校。學校營運相關的所有工作，皆由家長與老師共同分擔。校內有所謂的「工作組」負責日常性的營運工作，以及負責行事曆活動的「執行組」，也有幾個負責解決問題的「專案小組」。所有的活動都是自發性的，大多數的家長都會參與某個活動。當然，因每個人的工作狀況與家庭環境不同，參與的方式也各自不同。有人活用 E-mail 等工具負責營運相關的事務；有人利用空閒時間前往校園澆花或打掃；有人幫忙編印學報或製作網頁，以利外界了解華德福教育與學校的活動；也有人擔任企畫並執行工作本的展示或講座活動。若說這個學校是依靠這些家長們持續的犧牲奉獻，才得以維持下去也不為過。

「綠手指」們讓學校時時充滿綠意

家長、老師與高中部學生每年一次的校舍保養維護工作

有關學校的會議，有章程所訂且固定召開的大會、營

運會議、理事會，以及教師會、年級會、全校集會等。最高的決策機構為法人大會，而與日常營運相關的決策機構，是每月召開兩次的營運會議。在全校集會中主要處理被列為重要的案件，充分聽取大家的意見，並找出決策的方向性。

像這樣的組織與營運的模式，隨著學校規模逐漸擴大，其中有必須彈性改變的部分，也有必須珍惜維護的部分。值得一提的是，所有與學校相關的大人們之間，並無上下之分，而是維持平等的關係。本校創校時，學生人數

重大事務交由全體成員討論決定

法人大會

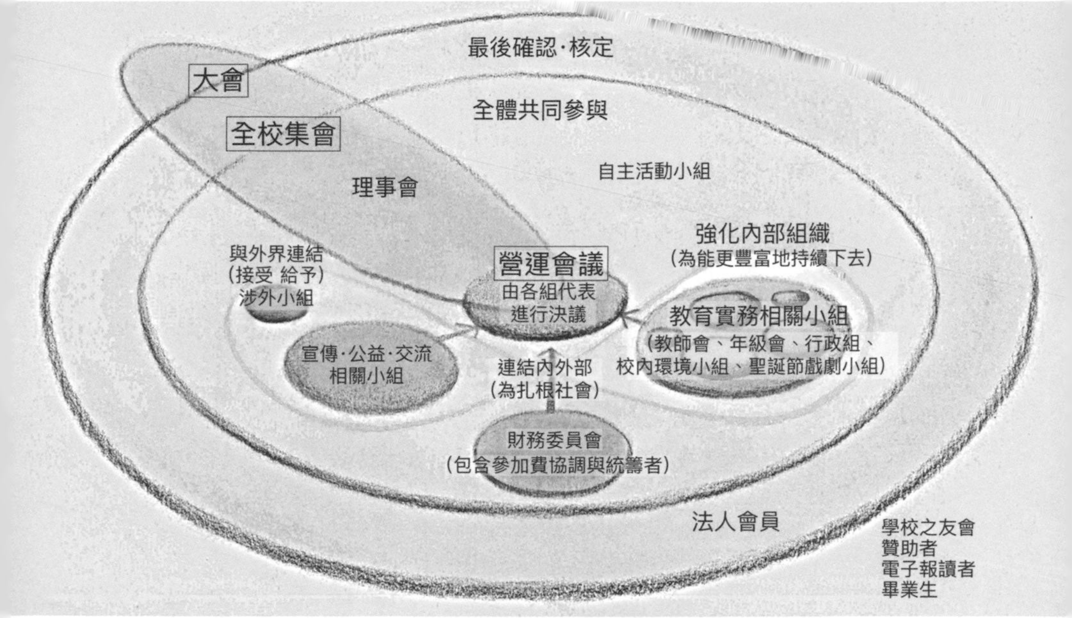

學校的活動示意圖

還不到一百人，到了二〇一四年，已成長至兩百六十人左右的規模，在維持這種成長規模的同時，我們也持續努力摸索「更加符合這所學校的組織經營模式」。

參加費（學費）

在京田邊華德福學校，繳給學校的費用不叫做學費，而是稱為參加費。這樣稱呼是為了呼應每位家長都有參與學校的營運工作。

一般認為，「付多少錢，就應該得到等值的服務」乃理所當然之事，因此或許許多人也會認為「繳多少學費，就應該獲得等值的教育」。但是我們認為，教育的場所並非提供服務的場所，因此不用「學費」而是採用「參加費」的說法。

有關繳交參加費的機制與金額方面，自創校以來，也嘗試過各種作法。在二〇〇七年提出了「避免只因經濟因素而無法入學」及「學校在財務上不會出問題」兩個看似互相矛盾的目標，並經過多次的討論，確立了目前的作法。

目前的參加費基準，主要依據在校兄弟姊妹的人數來決定支付的金額（定額），另外加上向全校家長每月募集到的不定額捐款，若支付定額有困難的家庭可以利用這筆資金，目標為建立所有家庭都能支付定額的相互扶助制度。我們將這個相互扶助制度名為「星星銀幣」（編按：來自《格林童話》，希望它不只是目前的權宜之計，我們也在持續討論如何使其成為在未來能循環運作的制度。

媽媽們自第一屆義賣會後長期演出的偶戲，非常受歡迎

第7章
適合成長中孩子的校舍與教室

溫柔環抱孩子們的校舍

史代納博士不僅是位教育家，他在建築方面的影響力至今依然不減。在日本只要提到學校的建築，很容易想到的是前方有操場，並只重視採光與寬敞空間的四方形建物。但京田邊華德福學校的校舍完全是不一樣的規劃。以下是本校的老師，也是校舍設計者伊藤壽浩建築師的說明。

校舍如何迎接孩子們的到來

在ＪＲ學研都市線的「同志社前」站下車，爬上寬廣又滿是綠意的同志社路的坡道，出現在右手邊的便是京田邊華德福學校。在女子大學正門前向右轉再往下走一點，校舍有如張開的雙臂歡迎訪客的到來。

爬上入口處的短坡道，進門之後迎面而來的是校園的整體建築。在右側，有一座將工程挖掘出的土石堆成的小「假山」，置於學校基地的正中央，這裡已成為孩子們的遊樂場。隔著假山，低年級利用靠近校舍的中庭，高年級則利用操場為主要活動空間。來上學的小朋友，繞著假山，沿著摻有小石頭與貝殼的小徑前進。穿過植栽以及家長們悉心照顧的花草，映入眼簾的是覆滿綠草的中庭。沿著三年級在建築課所搭建的小房子往前行，然後向右轉進建築正面的樓梯口進入校舍裡。

前往校舍的路徑

有如「懷抱雛鳥的母鳥」

環抱中庭的L型校舍有一條外側廊道。在舉辦義賣會等活動時若以中庭做為舞臺，外側廊道就成為觀眾席。當舉行星空祭典或畢業典禮時若以外側廊道做為舞臺，中庭就是觀眾席。這個外側廊道也具有連結中庭與校舍內部的功能。在L型外側廊道的中央，設置了進出整體建物的樓梯口。

包覆校舍整體的屋頂，其最高處就位於樓梯口的正上方。「屋頂」是連結高高的天空與大地之物。為了承接雨水，屋頂的形狀基本上採簡單、傳統的山形屋頂（懸山頂）樣式。日本多雨，從精神層面來看也意味著與自然的關係密切。考量到這種地域特性，就不應該架設平面的屋頂來阻絕與天空的關係，而是採用適合承接從天而降的雨水的斜面屋頂。

校舍的兩端設有外部階梯。雖然上半部是木造結構，但從樓梯間到地面都是水泥砌成，穩固的坐落在堅實的大地上。

校舍的兩端與大地緊緊相連，愈往中央處就變得愈輕盈。這其中隱含了腳踏實地並追求精神性提升的內在思想。為了守護孩子們的成長，覆蓋住建築整體的屋頂兩端，往下方延展，有如「懷抱雛鳥的母鳥」的羽翼。包覆住內部空間的屋頂，朝中央處有如開展自己般的「反轉」(由凸轉凹)，象徵著在守護下持續成長的孩子們，終有一天必須走入世界，貢獻一己之力。

二樓的扶手壁，在建築的兩端處為垂直方向，愈向中央靠近愈倒向外側。中央的扶手壁呈向外開展的形態。

在中央處，有一朝向東方的大片開口，會將早上的第一道陽光引入位處校舍中心點的禮堂中。將禮堂放置於中心處的理由，主要是因為建物最高處適合需要有挑高天花板的空間。但更重要的理由是，從開學典禮到畢業典禮的舉辦，學校的所有一切都從這個禮堂開始，也將在這個禮堂迎接終曲。

校舍的外牆採用帶有奶油黃的金黃色。考量到全校十二個年級，用寒色系不太適合，但若用紅色般強烈的暖色包覆又嫌太偏頗。因此選擇了較具動態，並適合演繹一日或一年光影變化的顏色。

二樓的扶手壁
兩端呈垂直，中央處(照片中左側)則向外側傾斜

位於校舍尾端的外部樓梯
基礎以水泥建造，堅穩的立於地面

中央處的開口
窗戶的後方是禮堂

朝內閉合並同時向外開展

在設計建造這座校舍時所面臨的最大課題之一，即是處理內與外的關係。一般而言，歐洲建築的開口部分比較小。那是因為來自西方人克服自然的必然性與思想所致。也可以說這是透過減少與自然的接觸面，並從與自然的爭奪中獲取屬於自己的內在（內部空間）的一種地域特性。

相對於此，主張自然與人類共榮共存的日本建築，傳統上盡可能以「與自然合為一體」為理想。

但是另一方面，誕生於西方的「自我」這種個別意識的概念，早已成為生活在現代的我們內在的一部分。例如想要做到開放的教室，卻會妨礙到教室內的學習，就是這種矛盾的具體呈現之一。針對這個問題，校舍採用在內部與外部之間設置一個中間區域，也就是做出「開放又閉合」的內外關係。

例如，一樓及二樓的外部走廊就是一個既是內部又是外部的場所。外部走廊的設置，確保了內部空間的獨立性。另一方面，像池塘、假山、三年級蓋的小屋及柵欄等設置，讓原本是外部的中庭開始具有了內部的氛圍。而建物與中庭之間是透過外部階梯、扶手壁、支柱等連結在一起。透過這樣的整體構成，企圖解決內與外的矛盾。

此外，建築物是由柱子等垂直元素與樑等水平元素構成。這個學校的校舍，正如次頁中的建物概念圖所示，隨處採用了斜面元素。一樓外部走廊的柱子上方處，由上往下的力量與從下往上頂的兩種力量充滿韻律般來回往返，內部與外部藉由「呼」和「吸」的交替，消弭建築物整體的凝重感，賦予生動的韻律感與生命感。

開放又閉合的外部走廊

連接內外的中繼空間

能夠培育感覺的自然素材

校舍的牆壁，塗抹的是將硅砂摻入石灰的灰泥。這個牆壁是由許多家長合力完成。有些壁面為了用來展示作品，以及希望儘可能使用更多的素材，因此鋪的是壁布。

教室壁面的下半部鋪的是木材。這是為了防汙，以及做出「上」與「下」不同的區隔。室內地板希望堅固如「地盤」，因此選用楢樹的無垢板材進行鋪設，並塗上木蠟油。在設計上盡可能採用自然的材料並維持原有的觸感，以及呈現材料本身的質感。

運用各種材料

屋頂左側
連結天與地的屋頂，其兩端有如與大地交談般向下垂掛，往中央處輕盈的向上拉高。

禮堂的上方
建築整體最後的部分採朝向世界開放的形態(凹)。面東的大片開口，將早上的第一道陽光引入位處校舍中心點的禮堂中。透過一整天的活動，將所有在這所學校活動的人所產生的努力成果，獻給世界。

屋頂右側
有如保護孩子般包覆的屋頂(凸)，就像莫比烏斯環般內側就是外側，將關閉的變成打開，將被守護的解放至世界中。

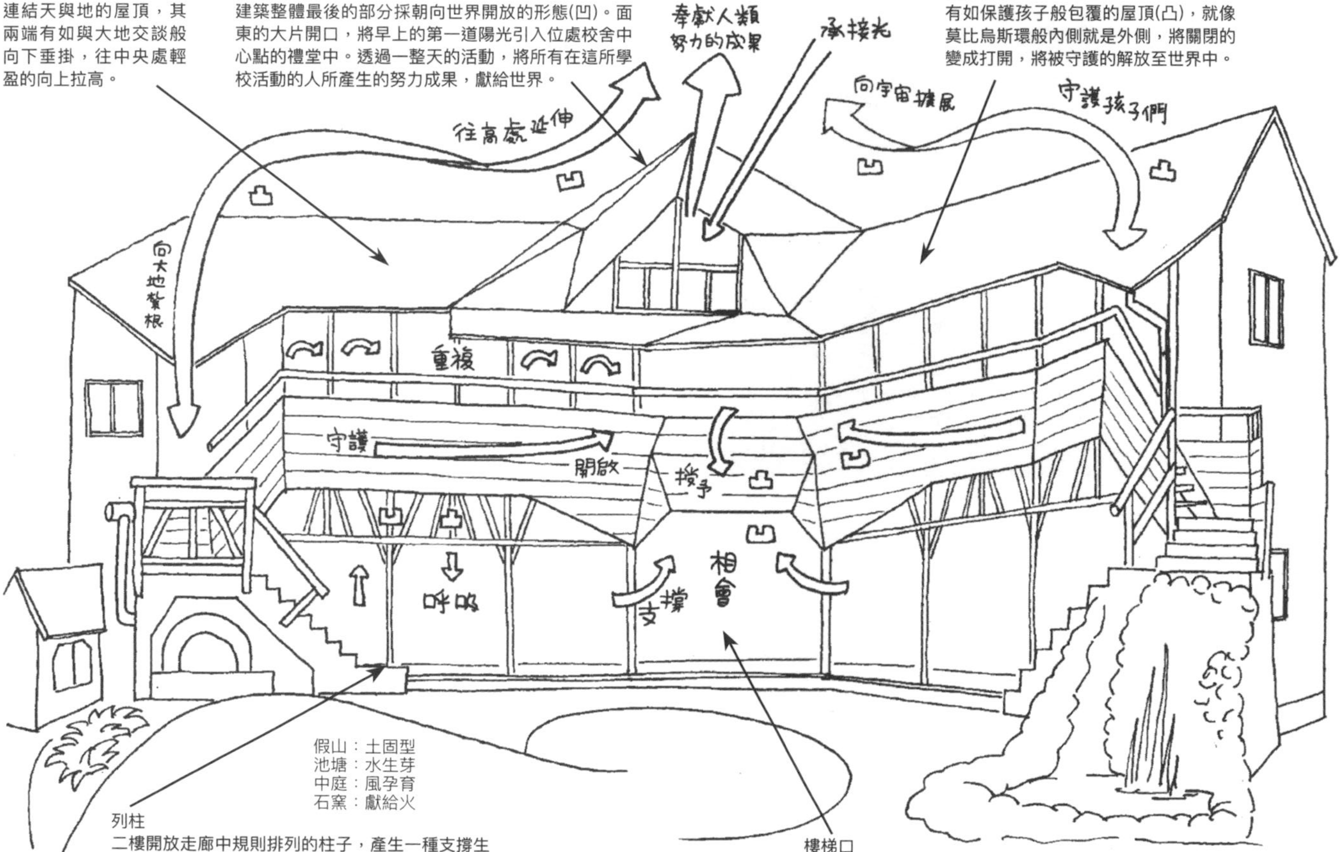

假山：土固型
池塘：水生芽
中庭：風孕育
石窯：獻給火

列柱
二樓開放走廊中規則排列的柱子，產生一種支撐生命的韻律感，並輕柔的連結內部與外部。一樓開放走廊上方支撐與承重造型，孕育出關閉（凸）——打開（凹）、給予——承受、呼氣——吸氣的節奏感，讓建築物與中庭之間產生呼吸。

樓梯口
二樓開放走廊的扶手壁兩端呈垂直走向，愈往中央處愈前傾，整體呈現一種舒緩的立體曲線。
像這樣往下的造型(授予)，與支撐向上的力量在此「交會」，產生出新的形態，營造樓梯口的出入口意象。

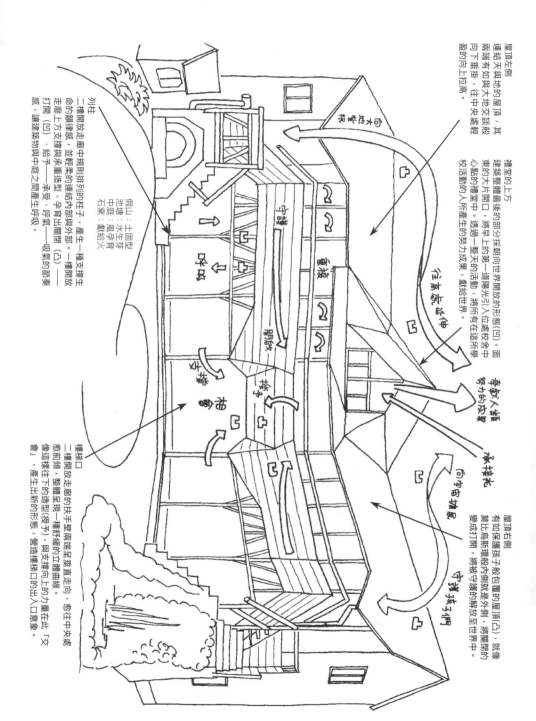

自己合為一體的世界開始分離，他們意識到有一個獨立於世界的「我」的存在。此時也是內在成長的開始。這個時期開始意識到「老師」是一種帶有權威的存在。原本沒有前後分別的教室天花板，在這個年級開始有「前面」的概念。孩子們聽老師說《舊約聖經》中有關偷吃智慧之果而被趕出樂園的失樂園故事。與此同時，孩子們也會體驗進入人世的現實中很重要的工作：「農業」與「建築」（蓋房子）等活動，由此形成他們的「內在」。

天花板不再是令人可以安眠的粉紅色，開始用有動態感的「橘色」。

◆黃色的五、六年級

降臨地面——支撐的形態

剛成為五年級的孩子們，雖然多少還帶有些稚氣，這一年他們的身體將迅速成長。一年級到四年級的教室設於二樓，到了五年級則移到一樓上課。這些開始脫離稚氣的五年級學生，將可以「支撐」在二樓活動的小朋友們。

這個年級教室的天花板幾乎都是平整的，作為低年級特徵的「包覆」形狀，僅少許的安排在四個角落。天花板漆成「黃色」，以表現這個時期孩子們的清澈感。

◆綠色的七、八年級

與世界的分離——向內，同時向外

孩子們來到青春期，身體有明顯的變化，生殖機能開始發育，像成人一樣。這些根基的成熟化是為了生存在地球上。史代納博士認為，這個時期的特徵不應稱為「性的

支撐——五年級教室的平坦天花板

分割、向內向外流動的七年級教室的天花板

成熟」，而是希望以「地球上的成熟」稱之。

九歲以後開始產生與世界分離的現象，在這個時期將來到最後的階段。以自我為起點，朝向物理世界拓展的同時，也開始展開自我內在探索的旅程。做為能夠自立的最終證明，就是與主帶老師的分離。從一年級開始持續帶領班級的主帶老師，最後在面對孩子們的反抗期與好勝心的挑戰下，結束維持八年的主帶老師身分。

因此在空間設計上，屏除包覆的概念，加入能讓意識感受到「分割、朝內部、朝外部流動」的形狀。天花板塗的是代表光明的黃色與代表黑暗的藍色所結合而成的「綠色」。

◆藍色的九年級

個人的覺醒——對於新和諧的預感

孩子們逐漸從與世界一體的關係中覺醒。九年級開始進入高中部，由不同的老師負責教專業度較高的科目。學生將能以更獨立的個體面對課業。這個時期的教室形狀，基本上與七、八年級教室的特徵相同，具有向外部延展的傾向，隱含了期待與新世界相遇的徵候。經歷一年級的暖色系，到七、八年級的綠色，這次天花板的顏色換成「藍色」。

讓人預感將要走向新世界的
九年級的教室

◆紫藤色的十、十一年級

自立的時期——自立的空間

創校之後的第十年，因學校規模的擴大而開始租用了新的校舍。但新校舍並不像原本的校舍，採用暖色系並滿溢木頭香氣，反而如同在未知世界中獨自探索自身的這個年齡的孩子般，是一座由四方形牆壁圈圍住、孤獨矗立的藍色建築。

雖然小小的學弟學妹們圍繞在身邊令人感到愉快，但他們因為想要獨處的場所，所以做了專用的露天茶室；高中部現在可以在自己的空間裡學習、交談與成長。

十、十一年級的教室：獨立自主下摸索與世界的關係

與重新獲得的世界融為一體的十二年級教室

這片覆蓋著這些學生的天花板，形狀有如在自立的情況下探索並與世界連接，學生用自己的手交互塗上藍色與紅色，做出充滿生氣的「紫藤色」。

◆紫色的十二年級

與擄獲的世界成為一體——走向繽紛的世界

從一年級開始的旅程，到了這個最高年級也即將走到終點。降落在大地上的靈魂再度想望天空，在別棟教室待過兩年後，十二年級的學生再度回到主校舍。十二年級的教室，就位於旅程開始的一年級教室的隔壁。這個年級的天花板，雖然也有類似一年級教室那種包覆感的形狀，卻是有如螺旋般更高層次的造型。其整體感，並非一開始就是「被賦予」的東西，而是在體驗過與世界分離後，再以自己的雙手「獲得到」的東西。在這裡使用凸型與凹型並存的形狀來表現這種感覺。

這個教室的色彩使用結合光明與黑暗的「紫色」，是一種帶點紅色、接近葡萄酒紅，也就是被稱為「purple」的正紫色。天花板的形狀加入豐富的動態，展現有如即將航向新世界的姿態。

教室的配置

在設計這個學校時所面對的中心課題，就是做出隨著年級不斷成長的孩子們適合的空間。校舍東翼配置的是一、三、五等奇數年級的教室，偶數年級的教室則安排在西翼。

低年級的教室位置鄰近教員休息室，有如被保護般的集中在一起。相對於此，高中部的教室有如守護整個學校、同時迎接外界般的配置於尾端，並且有兩年時間教室不在原本的校舍。此外，西翼尾端的一樓是理科教室，二樓則是特別教室。

教室配置的特徵之一，就是一到四年級的低年級教室都位於二樓。對於這種異於一般常識的配置方式，我們常常被問到：「為何一年級的教室要設在二樓？」

這個配置是經過與老師們多次討論後的決定。我們認為逐漸入世的低年級孩子的教室很適合設於二樓，一方面可以降低外部的干擾，一方面又離天堂較近。事實上，低年級孩子確實在穩定的環境中較能安心的成長。目前，我與級任老師們都相信這是正確的選擇。

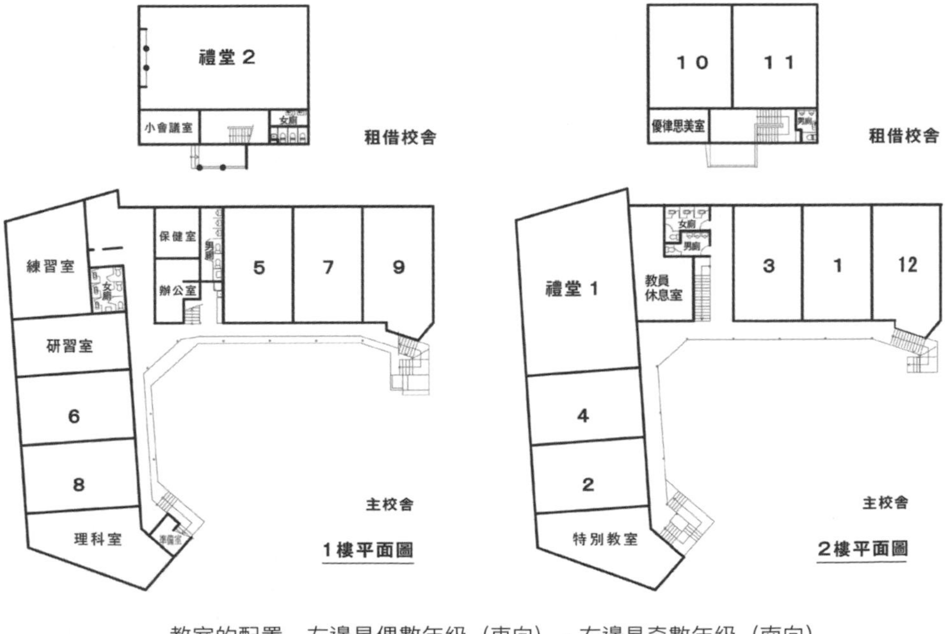

教室的配置　左邊是偶數年級（東向），右邊是奇數年級（南向）

三年級用的黑板　家長們經過多次塗裝完成

自己動手做的書架

自己動手做的窗框

自己動手做與手工備用品

教室的天花板與木頭部分，是家長與老師們自己動手粉刷的。

每個年級各教室出入口的門扇上，掛著不同顏色的紗簾。門扇大多用的是玻璃面，雖然具有開放的感覺，但經過走廊的人會看見教室的內部，相對的教室裡的孩子們也可能對外面的世界產生興趣。因此，為了不干擾上課時的注意力，家長們才會自己動手將紗簾染成與天花板同樣的顏色，掛在門扇上。從學校中庭看過去，因為每個年級的顏色不一樣，一看就知道每個年級的教室在哪裡。

關於照明器具，因為找不到適合的，設計師與家長會使用京田邊特產的竹子，從設計到製作全部自己動手做，完成了可以調節亮度的燈具。

黑板也是非常重要的元素。就像被保護的孩子們逐漸開始自立一樣，邊角裁切的角度隨著年級的改變會有三種不同階段的變化。黑板也是家長們親手塗裝完成的。

會呼吸的學校

造訪者啊　將你的愛　獻給這裡
駐留者啊　讓你的見識　在此開展
離去者啊　平安的祝福　來自這裡
（魯道夫・史代納博士為人智學協會斯圖加特分部的建築物所寫的詩）

如上所述，包含自建的部分，這是一座由設計師、家長與老師參與建造的校舍，之後新加入的成員也會用自己的雙手，幫忙重新粉刷木造部分，或是將掛簾重新染色等等，持續投入保養校舍的重要工作。

這種「大家一起建造的校舍要永遠珍惜使用」的想法，自然的影響了孩子們。

此外，這座校舍的興建，除了家長與老師出資外，也接受了國內外許多人士的捐款才得以完成。透過義賣會或演講會的舉辦，讓許多人造訪了這座校舍。這裡不僅是孩子們每天上下學的場所，也不只是為了家長與老師，而是

義賣會 玫瑰花窗的店

出席者

【家 長】	Christian Wittern	(第二屆畢業生 、十二年級生)
	吉田　敦彥	(第三屆畢業生、第六屆畢業生、十一年級生)
	澤田　智章	(第六屆畢業生)
	文　　優子	(第六屆畢業生、十一年級生)
	川本　幸枝	(第七屆畢業生、八年級生)
	鹽見　宏樹	(十、二年級生)
	野上　涼子	(七、五、一年級生)
	福井　慎子	(七、三年級生)
	水田　美幸	(四年級生)
	野村　浩司	(四、二年級生)　　( )內為小孩的年級
【畢業生】	瀨戶　優樹	(第三屆畢業生)

與華德福學校的相遇

——可以分享一下是如何知道京田邊華德福學校，以及為什麼要讓自己的孩子就讀這所學校？

水田：我們家的情況是，有一位朋友的女兒讀這所學校。我全程見證這個孩子的成長過程，在畢業表演時，我在臺下看到她完全的改變，因此我也想讓我的孩子接受這種教育。因為我的女兒是早產兒，在發育階段充滿了各種不安。當我了解到華德福教育主張，學習必須配合每一個孩子的成長過程，心想「這樣的話，我的孩子的一些優點就會被肯定並得以發展」，因此決定來讀這個學校。

福井：我的情況是孩子剛出生時，我在某場幼兒教育講座中認識了華德福教育，覺得非常吸引我。在孩子隔年即將讀小學的時候，平時對於我所熱衷的華德福教育不聞不問的老公，突然提議說，要不要去參加「見面會」（編注：學校說明會）看看。雖然只有我老公一人參加，深受感動的他回家後表示「雖然不太懂華德福教育是什麼，但老師們都很厲害！」

但是，到了真正考慮是否就讀的階段時，我們夫妻倆又非常擔心「上這個學校真的好嗎？」。營運主體並非學校法人的這一點，應該是最大的疑慮吧！不知道就讀這個學校的孩子將來的出路是否會受限？是否有盡到做父母的義務？在我們夫妻多次的討論過程中，心中一直有個疑問，就是父母到底有沒有可能確保孩子的未來？當我們了解到，不管多努力栽培仍舊不可能「確實保證」孩子的未來，既然如此，我們決定做父母的只要選擇現在認為「最好的」就可以了。

鹽見：我們家很單純的只是覺得學校的氣氛很好，就決定讓孩子來這裡讀書了。來學校參加秋天的義賣會時，看到家長與小孩的表情都非常愉快。「啊，我想孩子在這裡一定會過得很幸福吧！」完全是這樣的一種直覺。還有一點是，我本來就想讓孩子進入我們家長自己認為「這裡不錯」的學校。

澤田：女兒是轉入十年級的班級。我的姪女與外甥都是這所學校的學生，所以我原本就知道這所華德福學校。之前因為我自己完全沒興趣，加上女兒也有上補習班，所以是在一般的公立學校就讀。最大的轉折關鍵，是我外甥在暑假前往英國的華德福學校進行短期留學時，我的女兒也一起前往。那是她高中一年級時候的事，回國之後我女兒似乎已經下定決心了。

女兒斬釘截鐵的表示：「我想要享受學習這件事。」從此之後，我們父母猛K華德福教育相關的知識。（笑）

吉田：所謂「享受學習」，雖然淺顯易懂但卻是至理名言。我自己也是因為參加華德福學校的體驗課程，碰到連我自己都很想上的課才決定的。我每年都有在「跟」京田邊的公開講座（編注：以大人為對象的課程體驗講座）。不是為了考試，也不是為了將來，只是因為學習很快樂，所以學習。學習也不是為了與同學競爭，看誰比較厲害。假如學校對學習是這樣的態度，我自己都想就讀——不是，是想讓孩子去讀。（笑）

學習與同學的相處方式及人際關係

——實際上學後，孩子的狀況及與朋友的關係等，有什麼改變嗎？

福井：我想孩子們都非常天真，可能是因為很早開始就不對孩子們做評比的影響吧。他們對自己或對其他朋友，都能坦率的互相肯定；他們會由衷的誇獎彼此，為彼此的事感到高興，也能夠表達自己的心情。

水田：孩子們有一種「我就是要做我自己」的強烈自我肯定的感覺。身為家長很高興看見孩子對自己充滿自信。

文：隨著年級的增加，賞識彼此的談話逐漸變多。親子間聊到班上的同學時，他會說：「那個小孩雖然也有○○的地方，但這方面很厲害，人還不錯啦。」

川本：能對不是最要好的朋友，這樣說真了不起呢！

文：儘管他會先說「雖然我不是很喜歡那個傢伙」，但還是會稱讚別人。（笑）

然後父母間還常常聽到一種說法：「不管是哪個小孩，都像是自己的孩子」。因為十二年來都在同一個班級生活的關係，自然會產生一種有如大家族般的親近感。當然，其基礎是因為有華德福教育，或是說有這個學校的理念。班上若是發生什麼事情，我們不會只苛責那個孩子。家長與小孩每個人都以當事人的身分認真的思考，要如何做才能讓整個班級成長。我認為這個作法對於孩子們的學習也會有很大的影響。

Wittern：低年級的孩子們以尊敬的眼神望著高年級的大哥哥大姊姊們；高年級的孩子們則以愛心對待低年級的小朋友，同時也得到心靈的療癒。我曾聽說，就算是正值青春期的孩子們，當他們被幼小孩童的清澈目光盯著看時，也無法使壞了。（笑）我認為這是實施十二年一貫教育才會有的良好互動。

鹽見：可以說是從彼此身上吸取養分吧。

川本：就算高年級的孩子有時會覺得低年級的小朋友「很煩人」，但也願意接受這樣的事實。在班上，也會碰到不想交往卻不得不交往的複雜關係，孩子們可以從中學習如何拿捏與他人的距離。

吉田：我經常被問到「在這個被保護的空間中成長，將來出社會後能適應嗎？」在學校這種緊密又長期的相處，反而會讓人變得更加強韌。我是大學（大阪府立大學）的老師，看到學生就業後無法持續、馬上換工作的案例逐漸增多。我感覺到現在的年輕人，和不合的人持續相處的能力愈來愈弱。有人認為，這是因為一般學校每一到兩年就換主帶老師，或過於頻繁的調換班級有關。

澤田：我聽過女兒在進入華德福之前所就讀的學校的案例，遇到像是和別人不一樣，或是想要貫徹自己的想法等狀況，處理起來都非常的棘手。彼此認同對方，與只是表面上的關係良好是不一樣的。女兒表示，進入這個學校後，雖然不知道是否能完全的展現自己，但很高興自己能被大家所接受。不會有人認為與別人想法不同是奇怪的事，或是不認同別人。相反的，有衝突時會認真的去面對衝突。或許，這是因為朝夕緊密相處所產生的信賴感所致吧。

野上：從我自己本身從小被欺負的經驗來看，華德福教育主張的「符合每一個孩子成長階段的學習」理念，也對於孩子們彼此的關係產生重要的影響。女兒的主帶老師曾對孩子們說「重要的不是大家都會一樣的東西，而是每一個人都要盡最大的努力，大家一起加油才是最重要的」，還說「不是只有在這個班級或學校，到世界任何地方都是一樣的道理。」

學習的樣態，讀書的方法

——可以談談在讀書方面，也就是學習能力方面的想法嗎？

鹽見：有關學習能力方面，當初讓小孩入學時心裡確實有一些不安，特別是看到八年級為止的課程安排，老實說心中有一種「這也不知道嗎？」的不安感。雖然我了解這裡的學習本質不一樣，強調學習是在身體的內在深處發生，不過這也是因為我用一直以來的價值觀來評斷孩子的關係吧。我們家老大進入高中部就讀時，回顧他八年來的學習成果，我終於多少夠理解到「喔，原來是這樣的一種學習樣貌。」

澤田：我和我女兒都是深受升學主義影響的過來人，來到這裡後對於「讀書」這件事的看法，有了一百八十度的轉變。以前我認為「讀書」是為了將來能有更多的選擇，所以是必須的，就算再辛苦也要女兒多加油。但是自從來到這個學校之後，我才了解廣泛學習的重要性。

當女兒轉入學校時，正好碰到要決定未來出路的時候，學校給的通知單中，並沒有像一般的通知單上有以數字表示的評斷標準，所以當時我擔心孩子要如何判斷自己的程度。但是我永遠忘不了第一次看到「光輝歲月」（編注：以信與詩的形式所寫的學校聯絡簿）時的感動。在那之後我不再擔心孩子將來的出路了。就算憂心、煩惱，相信她也一定能順利克服吧。吃苦當吃補就好了。

野村：我第一次讀到「光輝歲月」時，也很訝異老師們是這麼細心的在照顧孩子。除了傳授學習的方法，老師與周圍的大人們也要用心的看顧孩子，我認為這是很重要的事。

福井：剛才聽到大家的發言讓我想到，現在有很多孩子都是用「為了將來不得不犧牲『現在』」的理由在讀書，因而逐漸迷失了自己，這就是我想要說的。我們應該珍惜孩子的「現在」，竭力提供適合他們不同時期的學習與體驗。我認為時時「把握現在」，自然就能「把握將來」。

野上：我經常在這個學校聽到有人說「就算書讀得不好，只要有學到一點東西就可以了」，當我聽到這樣的說法時我都會覺好可惜。因為我認為很難得有這樣一個地方，用容易理解和充滿感動的學習方式，將真正的學問與世界的睿智傳達給孩子們。

瀨戶：我從四年級進入這個學校一直到畢業為止，一共待了九年。華德福學校的孩子們雖然可以體驗各式各樣與考試無關的學習，但即使如此，也不可以說「我已經經驗了很多事，所以已經夠了」這樣的話。我認為多累積失敗經驗，才能造就美好的未來，這道理和運動是完全一樣的——練習的時候雖然會經歷許多辛苦，但為了美好的未來，也要一步一步的予以超越，如此才能夠克服自己的弱點，得到真正的自由。

吉田：華德福教育是「追求自由的教育」，不是「自由的教育」。

瀨戶：沒錯，華德福學校是一個「不自由的學校」（笑）。絕對不是好混的學校。

文：我家的女兒在這裡就讀時，很難同時兼顧這裡的學習與升學考試準備，每次打算這麼做，腦袋就會陷入混亂。她好像在進行畢業製作時就在思考未來的出路，並確立了目標，開始慢慢的做準備。畢業之後她開始拚命讀書，在沒有補習以及接受函授教育的情況下考上國外的大學。她根據自身的體驗說出自己的看法：「考試是技巧的問題，如果想進這所大學大家絕對是進得去的，只是至少要當一到兩年的重考生

罷了。」（笑）

川本：我的女兒雖然比文先生的女兒小一個年級，她們班上也有幾位嘗試兼顧兩者的孩子。其中有應屆考上學校的孩子，也有沒考上的孩子。那個沒有考上的孩子的媽媽告訴我，自己的孩子在知道考試結果後表示「早知如此就不要用功準備考試了」，但隨即又說：「但是，在忙著進行畢業表演與畢業製作的狀況下，我還能一邊努力準備考試，讓我有信心在未來的一年中繼續拚。所以其實也不算是白費時間吧。」

老師們尊重孩子選擇努力兼顧這裡的學習與準備考試的想法。這兩者只要盡力去做，相信就能獲得相對的成果。另一方面，也有的孩子是因為全心投入畢業製作後，了解到自己將來想做什麼，這也成為他們決定將來出路時的重要參考。

吉田：有些孩子後來考進在畢業製作時，曾經請教過的老師所讀的大學。

從不足中產出的東西

Wittern：這個學校有社團活動，是在創校之後經過數年才慢慢開始有的。我們家的小孩非常喜歡運動，社團活動是他在學校最喜歡的活動。在這個學校，一個社團裡的學生從六年級到十二年級都有，也就是說，從小學六年級到高中三年級都在一起活動。目前甚至有畢業生加入的社團，讓彼此的互動變得更有趣了。

在我的家鄉德國，像體育這類放學後的活動，都是在社區進行的，不只在華德福學校，其他學校也幾乎沒有社團活動。因此對於這個打破年級限制，並能影響彼此成長的活動所具有的驚人力量，我一直是非常佩服的。

吉田：華德福學校的課程並非完全從德國引進，而是依據京田邊這邊，孩子們的狀況做調整。老師會絞盡腦汁思考「現在不足的是什麼？目前孩子們需要的是什麼？」等問題，社團活動就是其中的一項。

瀨戶：我當時是屬於第一個將排球社從無到有建立起來的年級。其中，社團顧問老師的存在是非常重要的。在華德福學校的知名度還很低的年代，老師為了找到願意跟我們比賽的學校，還親自一間一間的跑去每個學校鞠躬拜託。他拚命的身影，成為日後我人生旅途中的重要支柱。我想所謂的「看著大人努力的背影來學習」指的就是這個吧。

吉田：由於學校並非學校法人，即使想要與外校比賽，也無法參加高中聯盟所舉辦的正式比賽，這點算是這個學校的缺點之一吧。話雖如此，透過這些熱中排球運動的孩子們與別校的教練建立起的信賴關係，獲得前往別校體育館練習的機會，或是特別受邀參加私立學校的排球比賽等等，以一間不被認可的學校而言，能夠受到來自周遭的溫暖關懷，真的非常難得。從一個什麼都沒有的地方，在一點一滴的累積下，終於獲得來自地方與社會的理解。可以說社團的歷史，就是這間NPO法人學校的歷史。

Wittern：除了財務面之外，這間學校所要面對的課題

（譯註：橫幅布條標語（上至下）節奏、和諧、專注，排球社加油！京田邊華德福學校）

還相當多。但反過來說，正因為不足才會有更多的可能性吧。假如這是一所什麼都齊備的學校，我很懷疑會有這麼多人力的投入、向心力以及各種創意的集結嗎？在這個意義下，我認為在現有的資源下應該運用更豐富的手法，從不足中創造出美好的事物。

因為學校沒有體育館，為了比賽去外面體育館練習的時候，大家都很興奮。其他學校的孩子在沒有出場比賽的時候都坐著休息，但對這裡的孩子來說，能到體育館練習是非常寶貴的機會，因此「不趁現在好好練習更待何時！」（笑）。

瀨戶：我真的很喜歡打排球，沒有體育館對排球社來說真的很辛苦。但是我了解當時學校絕對不是不看重社團活動，也能深深感受到家長與老師們盡全力付出的努力，我們算是熬了過來。相反的，如果是在一切都理所當然齊備的環境中，或許就沒有今天的我吧。不過話說回來，我還是認為能有還是最好的。

我畢業之後，擔任學校排球社的教練，比賽時來加油的啦啦隊真的很厲害。嗓門大、人數多就不用說了，最讓我感動的是，一般都是委外製作的社旗，與比賽加油時使用的隊旗，都是自己做的。最早的社旗還是以十字繡做出來的呢（笑）。每次看到家長們為大家製作的愛心社旗，都讓我好感動。

吉田：不足的東西實在太多了，什麼都要自己動手做才行。社旗要自己做，學校也要自己蓋。（笑）

「畢業社」的成立，畢業生的出路

——瀨戶優樹同學，你在二〇一二年成立了「畢業社」，做為畢業生交流的場所。可以請你談談包含你自己在內的畢業生目前的情況嗎？

瀨戶：我們學校是真的很像大家族一樣的社群，很不習慣畢業之後就彼此疏遠了。我希望能有一個場所，能讓同一根源的朋友們時時聚在一起聊天，持續聯絡彼此感情，因此成立了「畢業社」。社內有個進行中的具體活動，就是畢業生之間的聯絡追蹤，因此對於畢業生的出路有一定程度的掌握。

只是，如果說是因為在華德福學校學習所以成為這樣的人，我不想做這種制式的介紹，也做不到。勉強將大家的志願傾向做分類的話，大致可分為「藝術」、「教育」、「國際」等方向。以這個學校的課程與其環境來看，這是相當自然的結果。有應屆考上大學的學生；也有主動選擇休息一年，慢慢思考未來出路的例子，大部分就會變成重考生。目前本校畢業生進入短期大學與大學的升學率，大約是七到八成。

吉田：聽起來不像是因為大家都讀大學所以考大學，或是，因為學校的名氣而選擇某校。而是因為有興趣想學，或是想學更多才考大學吧。目前短期大學與大學的升學率不到百分之六十，本校升學率是高過這個平均值的。

瀨戶：我現在在讀研究所，純粹覺得讀書很有趣，這正是所謂的「享受學習」。我們在思考未來的出路時，很多人認為大學是可以提供自己想要學習的資訊與知識，或是能夠遇到想跟隨的教授的地方。進大學並不是為了將來布局，而是為了更深入認識自己有興

「什麼！怎麼可能不想去華德福學校上課呢？」這個意外的發展讓我手足無措。

然而那個時候我突然意識到，原本以為把孩子送來這所學校就讀，就能高枕無憂的成長，成為我曾經嚮往成為的優秀女孩。女兒對不自覺有這種想法的我發出「等一下！」的警語。

因為這件事我諮詢了其他前輩家長的意見，她表示：「這確實是一所好學校，但並不表示這裡完全沒有問題。不管是哪一個班級都有自己必須克服的難題。千萬不要以為讓孩子來這裡讀書就可以高枕無憂了。」

在那之後我也開始盡可能參加與學校營運相關的活動。現在透過各種活動，無論是在班上或學校，我都非常享受與家長們之間的互動。可以說父母也跟著孩子一起入學，然後一起畢業吧。

文：真的是這樣。不管走到哪裡，只要是有人聚集的地方，大人和小孩一樣都會有問題發生。重要的是當發生問題時，大家要如何一起面對這個問題。老師們也不分年級的經常彼此討論，持續摸索如何將發生的問題，轉化為幫助孩子們成長的良藥。接受孩子的天性，絕不用固定的模式回應孩子。我覺得，真的很不簡單。

吉田：也不是什麼都這麼美好，其實也存在著各種掙扎。有相遇，也有別離，也有因各種理由轉學出去的例子。像學校辦活動時，當那些轉學出去的孩子與家長們跑來一起參加時，真的讓人感到高興。

福井：不論去哪個學校讀書，我認為家庭對孩子的成長也有幫助。例如，現今的社會到處充滿資訊與便利的工具，但是對大人方便的東西，有些對幼小的孩子來說可能過於刺激。大人應該避免孩子接觸那些東西。雖然很難做到，但讓小孩從事某些活動，或是埋首於閱讀，實際做做看的話，會發現小孩是樂於花時間做這些事的。

Wittern：孩子們不管是在上課或是在玩遊戲時，真的滿常動手做一些東西。「手工」是這個學校特有的課程規劃，動手做這件事對人類而言是相當重要的事。

秋天義賣會家長踴躍擔任義工，協助販賣任務

避免讓孩子接觸電視、電玩、影片等虛擬體驗，盡可能讓他們體驗真實的事物，就算在家裡也可以為孩子做很多事。

福井：家長可以花點功夫，讓孩子去感受自己思考、發現的喜悅。像是碰到不了解的事物時，不要馬上上網搜尋，而是讓孩子親自跑一趟圖書館，靠自己查書找出答案。乍看之下似乎浪費時間繞遠路，但這個行動經常隱含了許多重要的東西在內。我認為這種家庭教育的做法是相當重要的教育基礎。

交流與參加，共同持續經營學校

野村：我也很喜歡與其他家長們交流，只是沒想到在孩子受教育的過程中，會需要與這麼多人接觸。大家的職業各式各樣，價值觀也各不相同，但是對於孩子的學習，以及支持學校的這點，大家的想法是一致的——有一種大家朝著同一個目標努力邁進的充實感。另外，在活動過程中自己也能跟著孩子一起成長這點，也是我認為進入這所學校的優點之一。

後記

二〇一五年，京田邊華德福學校已屆十五年。這是由家長與老師合力創建的學校。當時，每天有超過兩百六十名（一百七十個家庭）的孩子們在這裡讀書，是日本規模最大的ＮＰＯ法人學校。

本書的前身《小學生與青春期孩子們的華德福教育》（學習研究社出版）的出版時間是創校後的第五年，正好是第一批畢業生畢業之前的事。其後，成立了將十二年的學習集大成的高中部，七屆的畢業生也進入社會工作。本書中，針對出版將近十年的前者，增補了全新發展後的學校近況，修訂了過時的資訊，也更新了書中刊載的照片。特別是有關於高中部的授課情形與畢業生的心聲，以及家長與老師親手參與的學校營運，加上新近舉辦的座談會，大幅增加了這十五年來的回顧內容。搭配新的內容，書名也做了更新。

在舊版書中的「後記」裡，刊載了以下的一段謝辭。其中表達的感謝之意，是永遠不會改變的。

現今，在日本的某個角落，也有這樣一所學校存在。……我們堅持追求的夢想，以及好不容易奮鬥至今的身影。希望本書能如實的傳達那些實際發生的事情。……有緣，認識了一位想要訪問這間學校並介紹華德福教育的編輯。由衷感謝戶矢晃一先生、杉田企劃，以及學習研究社的團隊們。

能有今天這樣的成果，我想是因為這間學校不只是屬於身處現在的我們。它不只是屬於這裡的孩子們，也不只是靠我們的力量完成的。在這所學校尚未現身在這片土地上的許久之前，就已用心播種，持續守護其成長過程的前輩們；在日本各地相互合作、同樣致力於學校經營的人們；還有，那些期待孩子們能穩健成長，尚未謀面的許多人士的心願，都成為這個學校的重要支柱。本書的內容分享，正是對於這些無形連結的一種回應。我想藉這個機會，表達由衷的謝意。

而此次新書出版，特別受到 Seseragi（せせらぎ）出版社的山崎亮一先生的照顧。對於他親力親為且真摯的協助，深表謝意。

本校經常舉辦各種教學觀摩會或講座。歡迎大家上本校網站查詢，並親臨本校參加。希望透過此書的出版，能促成更多的相遇、產生新的連結。此外，也期望本校的經營有助於未來社會的建立。

編著者　NPO法人京田邊華德福學校
（宣傳企劃部＆吉田敦彥）

二〇一五年一月十五日

國家圖書館出版品預行編目(CIP)資料

家長與老師共同打造的學校：日本京田邊華德福學校十二年的學習 /
NPO法人京田邊華德福學校撰稿；劉建國翻譯.
-- 臺北市：北市人智學教育推廣協會，北市青禾華德福教育機構，2019.06
面；　公分
譯自：親と先生でつくる学校：京田辺シュタイナー学校12年間の学び
ISBN 978-986-97899-0-5（平裝）

1.日本京田邊華德福學校　2.學校管理　3.日本

523.831　108008898

家長與老師共同打造的學校 —— 日本京田邊華德福學校十二年的學習

A School Run by Parents and Teachers: 12 Years of Learning at Kyotanabe Steiner School, Japan

出版 Publisher | 社團法人台北市人智學教育推廣協會 / 臺北市青禾華德福實驗教育機構 Qinghe Waldorf School

總編輯 Editor-in-chief | 林琦珊 Lin Chi-shan

執行編輯、翻譯審稿 Executive editor and proofreading for translation | 岩切澪 Mio Iwakiri

中文編輯 Chinese editor | 許嘉諾 Hsu Chia-nuo

封面設計、美術編輯 Cover design and layout | 池田康正 Yasumasa Ikeda

撰　稿 Original texts | NPO法人京田邊華德福學校 Kyotanabe Steiner School

攝　影 Photography | 川島一郎 Ichiro Kawashima

翻　譯 Translation | 內文 劉建國 Liu Chien-kuo；中文版序、學校簡介 施逸筠Karen Shih

中文版序編輯協力 Editing assistance for the preface of the Chinese version | 河村美智子 Michiko Kawamura

中文校對 Chinese proofreading | 王致寧Nancy Wang

協會地址 Address | 臺北市南京東路二段132號8樓 8F, No.132, Sec.2, Nanjing East Road, Taipei City Taiwan R.O.C.

電　話 Tel | (02) 8501-5822

網　址 Website | http://www.qinghewaldorfschool.org/

製版印刷 Printer | 富友文化事業有限公司 Fu-Yo Publishing Ltd.

出版日期 Publishing Date | 2019年6月 June, 2019

ISBN 978-986-97899-0-5

定價 Retail Price | 新臺幣350元 NT$350